破碎形象

同性戀醫治與自我回歸

莉安・佩恩 著
Leanne Payne

詹維明 譯

破碎形象——同性戀醫治與自我回歸
作者／莉安．佩恩
譯者／詹維明
總編輯／馬鎮梅
編輯／伍詠慈
美術設計／劉碧雲
出版發行／突破出版社
香港沙田亞公角山路33號突破青年村
電話：2632 0000　傳真：2632 0388
電郵：breakthrough@breakthrough.org.hk
網址：http://www.breakthrough.org.hk
http://www.btproduct.com
承印／海洋印務
1996年9月初版1刷
2007年11月2版1刷

The Broken Image – Restoring Personal Wholeness Through Healing Prayer
by Leanne Payne
Translated by Ruth Chan
First Printing, First Edition, September 1996
First Printing, Second Edition, November 2007

ISBN 978-962-8913-87-9

心靈關顧

關懷、連繫、復和、

溝通、對話……

凝視心之脈動，

直到重新尋獲自己的心。

目錄

6 序一 康貴華

9 序二——譯者再版序 詹維明

10 序三——譯者初版序 詹維明

12 前言

14 第 1 章 麗莎的故事：壓抑了的記憶

42 第 2 章 同性戀的成因：現代理論

52 第 3 章 馬修的故事：身分危機

88 第 4 章 尋找性身分

186 第 5 章 《聖經》談及的身分危機

196 第 6 章 聆聽醫治的話

230 附錄：聆聽我們的夢

250 附注

262 延伸閱讀

序一

在過去三十多年，同志運動席捲全球，減低各地社會對同性戀者的歧視，並更體諒和包容他／她們，是一個可喜的現象。但同志運動所倡導的其中一個主要觀念——同性戀傾向是天生、正常和不能改變，卻不符合現今有關同性戀的研究結論。雖然一些孿生子和遺傳學的研究證實了有先天因素存在，但這些先天因素如何間接影響日後的性傾向，則仍未有定論。近期《人類基因學》（*Journal of Human Genetics*）的學術期刊中，刊登美國科學家一項有關同性戀與基因的研究，證實並無一種「男同性戀基因」。文章在結論中強調，性傾向是由多種基因加上環境因素互動造成，本人也同意這觀點。因此，若單單強調先天或後天的因素，都不正確。

至於同性戀的後天因素，各地研究指出下列的各種成長經歷，皆與同性戀傾向的形成有關聯：包括 1. 童年時深刻的同性性經驗，包括被同性性侵犯；2. 童年性屬不協調（Childhood Gender Nonconformity），如不喜歡同性別（Sex-Typical）的遊戲和活動，卻愛參與異性（Sex-Atypical）的遊戲和活動；喜歡異性玩伴，卻不能融入同性圈中；覺得自己跟同性同伴「不同」；3. 童年時與同性雙親的認同 （Gender Identification）和模仿（Modeling）受破壞；或與異性的雙親過分認同。4. 女性若和男性有惡劣的相處經驗，或曾被男性虐待，都會促使這些女性日後選擇同性戀。

性傾向是否可以改變、改變治療 （Reparative/Conversion Therapy）是否害處多於好處？是另一個具爭議的課題。但史畢之醫生 （Dr. Robert Spitzer）在 2001 年及最近期鍾絲和亦侯（Jones and Yarhouse, 2007）對同性戀治療果效的研究，皆證明同性戀傾向是可以改變的；以信仰為基礎的小組治療成效更可以高達 67%，而治療一般也不會引致受助者心理受傷害。

在同志運動節節成功的背後，有一羣不接受自己同性戀傾向的人漸漸落入更可憐無助的境況，因為他／她們希望改變自己的性傾向，卻求助無門。他／她們一方面仍受到社會某程度的歧視，同時也被不願改變性傾向的同性戀者排斥，被標籤為向社會低頭的弱者。其實不少基督徒也有性傾向的掙扎，他／她們尋求改變不單因為社會家庭的壓力，而是厭倦同性戀的生活方式；動盪不穩的同性戀性愛並不能滿足他／她們內心對愛的渴求；同性戀行為與信仰的衝突也是他／她們尋求改變的常因。

莉安・佩恩所寫的這本《破碎形象——同性戀醫治與自我回歸》，對於尋求改變性傾向的信徒無疑是極大的喜訊，作者詳細分享過去如何透過祈禱和聖靈的大能，醫治同性戀信徒，十分震撼人心，使不少在絕望中的掙扎者希望重燃。書中很多篇幅特別提及幫助女同性戀者改變的要素，在其他同類型的書籍中較少見。

今日的教會，隱藏着不少在同性戀上掙扎的信徒，我們不要以為他／她們不存在，我深信這本書能夠幫助牧師、輔導者和一切關心同性戀者，曉得如何為他／她們作祈禱服事。願神透過這本書的修訂版，祝福更多的讀者。

康貴華

精神科專科醫生

2007 年 10 月

序二——譯者再版序

「十年人事幾番新」這句話描寫現今世代的光景最為貼切！

十年來，人權被大大高舉，社會風氣、文化、道德、法律條文、婚姻關係、教育制度、民間福利、高科技、傳媒影響都顯著改變，面對眼前不同的價值觀、道德觀念和見解，基督徒，尤其是廿一世紀的青年基督徒，時常陷入迷惘和混亂之中，無所適從。

教會處於如此變化多端的世代，該怎樣反應？答案是：環顧世界，大部分的教會缺乏堅定的信仰立場及教導。信徒掌握不到「分別出來」的準則及對神的委身。基督徒吸收了世界潮流供應的一切生活模式，保羅的勸喻在信徒生命裏產生不了作用，反而「效法這個世界」成了信仰的準則。

本書的主題非常重要，不受時間的影響，但願透過聖靈的指引，不同性別、年齡、輩份的讀者從作者的分享中到啟迪、祝福並醫治，由心的底處經歷神！

詹維明

2007 年 3 月

序三——譯者初版序

87 年我閱讀這本書，也涉獵作者的其他書籍。其後有機會成為作者的學生。

原來的出版社要求中譯本的翻譯者是輔導員而又修讀過作者教授的課程，適合條件的只有兩人，我有較多時間，遂順理成章被指派負此重任。

翻譯困難不在話下，何況內中許多名詞是可意會而不可言傳，要轉為靈活而又能夠明白的中文是最大的挑戰。我的安慰在於知道編者會在這方面做亡羊補牢的工夫。

作者沒有批判亦沒有否定同性戀者的個人價值。她只是溫柔、詳細的敘述那些想脫離這種景況的人，如何可以在神裏面得到醫治和改變。她尊重每一個到她面前的人，恰當地、巧妙地把握適當時刻為對方按手，為對方禱告。

神又大又寬、不受人有限經歷捆鎖的救恩能力，成就了許多我們眼睛未曾見過，耳朵未曾聽過的奇妙事情。作為輔導員，我個人也有無數想不到的經歷：向聖靈開放時，神巧妙地引導，透過不同的技巧和過程，使隱藏已久，從未浮面，連當事人從不醒覺的心底「頑疾」也得到醫治。當然，我們也要謹慎，萬勿東施效顰，將作者用的技巧運用在我們四周有困難的朋友或受導者身上，這樣可能帶來更多的毀壞而非建立。

我深感這本書帶來幾個清楚的信息：

1. 教育我們，使我們對同性戀者增加認識；
2. 輔導過程裏與神同工的重要；
3. 神奇妙救恩大能昔日作工，今日仍繼續作工。神的救恩不僅僅限於使我們得救的地步，而是一生一世，天天在我們生命路程上顯出能力。

突破機構創立時的金句，可概括上面的説話「我們傳揚祂，是用諸般的智慧，勸戒各人，教導各人；要把各人在基督裏完完全全地引到神面前。」(《聖經・歌羅西書》1：28)

但願從未明瞭這些信息的讀者向神敞開，充充滿滿的經歷神。已經實踐這些信息的則得到更大的鼓勵和肯定。

詹維明

1996 年 3 月

前言

同性戀被視為其中一種最複雜的性行為神經官能症[註]，若讓神來醫治，那卻是十分簡單的（雖然與人們的普遍看法相反）。這本書就是有關如何為同性戀問題祈求醫治。

本書所選用的故事都是在我處理過的個案中最有代表性的。為了保障那些將內心世界向我們敞開的人，我將名字和地方等有關資料都更改了。在這些個人經歷中，我們看見導致同性戀身分危機的典型創傷例子。

沒有一個故事寫來是輕鬆或容易的，因為我對何謂一個人——一個在成長過程中的人，肅然起敬：

活在一個什麼都可能成為神明的社會，實在是一件嚴肅的事。假設你現在能看得見將來的事，要記得最索然無味和最令你厭煩的談話對象，有一日可能會成為你極之渴望崇拜的人；或者你曾遇到的恐怖和敗壞的事，其實只是噩夢中的情節；在某個程度而言，我們每一日都彼此幫助對方朝着當中某一個目標進發。鑒於這極大的可能性，因此我們處人處事：交友、戀愛、玩耍、政治，都應該存着敬畏和謹慎的態度。世界沒有普通人，你從未曾與一個徹頭徹尾的凡人談過話！[1]

我對於作為基督門徒的意義也存敬畏的心。跟從基督的人，因基督在他裏面的臨在，得以掙脱枷鎖，並且更被差派解開其他人的鎖鏈。這樣做，服侍的人就有責任，保證被服侍者心靈中的基本奧祕和整全不受侵犯。本書提及的故事主人翁，對我來説，都是十分寶貴的，他們的成長過程，都各有獨特的地方，都成了我的祝福和力量。

神經官能症

Neurosis，指神經上的疾病，由未知的神經上的或器質性的機能失常，引起的人格或心理障礙，又稱精神性神經症。佛洛伊德有較多的闡釋。

資料來源：阿瑟．S．雷伯著，李伯黍等譯，《心理學詞典》。上海：上海譯文出版社，1996。

第 1 章

麗莎的故事：壓抑了的記憶

麗莎是個身材高䠷的可愛金髮女郎。她參加我在教會主持的聚會。我講到基督的能力可驅逐恐懼，並可醫治我們心靈深處的憂傷，就是那些使感情與情緒損壞和癱瘓的憂傷。我與聽眾分享，基督如何將平安和光明帶進我們先前只有痛苦和黑暗的生命裏。她參加了一連幾次的講座後，開始再度盼望能處理一下自己的問題。麗莎一生都經歷精神和感情的痛楚，並且至少兩度曾因自殺不遂而陷入絕望的深淵裏。結束信息的時候，我求主的醫治大能與我們同在，並且求祂喚起我們心靈深處的記憶[註]。這些記憶不單需要醫治，而且是可以在數百人的聚會裏獲得妥善處理的。在場的人開始回應，耶穌開始醫治，麗莎卻似乎無動於衷。

次日，透過牧師住宅的電話，一個無望、頹喪的聲音對我

記憶治療

本書提到的記憶治療（Memory Healing），又稱內在醫治或心靈醫治（Inner Healing），由 Agnes Sanford（本書譯為桑德福）開創，結合佛洛伊德（Sigmund Freud，1856-1939）及榮格（Carl Jung，1875-1961）的理論及方法，發掘人被壓制在潛意識裏的痛苦經歷，然後「默觀」耶穌來臨及醫治。關於記憶治療，有多種不同說法及意見，請參考延伸閱讀二。

說話。「我參加了你的聚會，卻無特別事發生！」我感受到她深切的需要，也知道主在公眾聚會裏，特別不讓她的記憶及心靈公開，而我亦常常請求主這樣做。祂很清楚知道，在一羣人裏面有什麼經歷可浮現又可以得到處理，我小心翼翼的求祂：若然當時的場合易受干擾，又或者欠缺有恩賜、有經驗的人在場去幫助這樣的創傷者的話，就不要讓太痛苦、太深層的經歷出現。麗莎跟着所說的話證明我的感受是對的。

「昨天晚上聚會完後，我作了一個常作的夢」她說。「我垂首看見我的手臂、皮膚的毛孔像魚網一樣，我在皮膚之下看到我在這夢中常見的東西——一堆黑色癌塊。」這個夢生動地揭露了麗莎內心對自我的看法（inner self），難怪這個自我觀念（inner being）後面藏着的黑暗記憶沒有在聚會中浮現！最近她曾企圖自殺。她是醫學生，對藥物有充分的知識，而且唾手可得，她差點兒就成功了。麗莎在深切治療室七日，身體腫脹至平時的兩倍，連家人也不認得她。家人獲悉，她沒有生存的希望，但她竟然活過來！不過，當她清醒的時候，醫生告訴她，過量的藥物已使她的腦袋遭到永久損壞。她最近的際遇證實她的夢的嚴重性和所帶出來的信息。

有些夢顯示出心靈深處特別危險的「資料」。當病者躺在精神分析學家的長榻上，向他道出這些資料時，後者就知道要小心行事。為人祈求心靈醫治的牧者也一樣要小心行事。醫治心靈的禱告本來就不能胡亂或草率地進行，我知道為麗莎的痊愈禱告，更需要特別小心地聆聽聖靈的聲音，並與聖靈合作。同時，我以喜悅的心情期待神的工作，我知道神會作些什麼。沒有人可以為這樣的信心誇耀，因為這是神為那一刻所給予的恩賜。當神派給我們一個使命，祂就賜我們信心及把握去作祂派給我們的工作。於是，我邀請麗莎到我暫居的牧師寓所。我向她保證，我們的主醫治的臨在，會進入並光照她心靈深處的幽暗，就是引致那夢境不斷重現的源頭。

她到達後不久，我就對她增多了認識，包括她童年時一段同性戀的經歷。她的童年並不快樂，而且極度孤單。她有雙親，卻與他們十分疏離。母親面對着麗莎這個感情障礙，表現得對她愈來愈妒忌和轄制。同時，她母親的行為也變得愈來愈神經過敏，常常令麗莎尷尬。父親間或帶給她一、兩件玩具，但和她關係疏遠，而且不可捉摸。麗莎自小就知道，母親不能容忍父親用別的態度待她，即使如此，她也毫不渴望與父母親近，母親嘗試贏取她的愛和忠誠，她卻冷淡地拒絕。因此她較一般的孩子更加脆弱，小學畢業後的暑假，她墮入一個同性戀老師的手裏。

她在初中的年日就飽受這個關係轄制及折磨，她知道這樣的行為是錯的，卻不能擺脱它的桎梏，精神及感情都開始崩潰。這時，她將與這位老師的關係告訴學校輔導員，並且立即被安排見精神科醫生。升上第十班之前，她已見過兩位精神科醫生。同性戀關係雖已終結，她卻開始服食鎮靜劑和吸煙。那時人人都知道她的往事，本來已經孤單的她，在整個中學階段更加形單影隻。同班同學都排斥她，典型青少年的狠毒批評不絕於耳。除此之外，更難接受的，是疏離而有情緒問題的母親，千方百計想糾正女兒生命裏遭遇的可怕經歷。她禁止麗莎與其他女孩子交往（這時根本沒多少機會），又經常催逼她與男孩子約會。麗莎對這種情景怕得要死。難怪她中學畢業的那個暑假，對藥物依賴的情況變本加厲，她要尋求更多逃避的途徑。

麗莎對學業的興趣，使她能夠有建設性和有創意地逃避極度孤單所帶來的壓力，即使在最困難的時刻，她的成績仍然很好。結果她選擇的學校取錄她就讀醫學預科課程。這時她已被深深的抑鬱籠罩，沒有藥物就不能生存。即便如此，她也完成了四年的大學通識課程而進入醫學院。這種生活方式必然的結局已近在眉睫，進入醫學院六星期後，她因受不住抑鬱及失眠而服用過量藥物，差點送掉生命。

麗莎自殺不遂，漸漸恢復健康時，她內心深處知道，除了神以外，不會再有任何幫助。六歲的時候，她曾參加主日學並邀請主耶穌進入她的心，她一直渴望認識祂。她在未入大學前的暑假，曾經找到一所基督教的咖啡茶座，當時她已是毒癮極深的人；可惜，沒有毒品她便不能忍受內心的痛苦，所以她沒有保留從咖啡茶座得到的幫助和鼓勵，那時她要面對仍然生存的事實，而且，除了裏面那份熟悉的黑暗感覺之外，她的頭腦已經和先前不同。當她再一次伸手去觸摸神的時候，她困苦的心靈泛起了一個思想，就是要去聯絡一個幫助吸毒者及參與邪教活動者的基督教中心。

就如慈愛的上天命定一樣，她致電這個中心的時候，一個滿腔信心的婦人保證她會得到身、心、靈的幫助，這是麗莎逼切地需要聽到的話。這位小婦人對麗莎充滿喜樂的期待，促使她申請參加這個中心的課程。

我遇見她的時候，她已經加入這個中心五、六個月，而且很愛那位充滿信心的女舍監。她像在水中遇溺，快將沒頂的人緊握救生繩般，緊緊抓住她的舍監。不需要別人告訴我，我一看就知道，因為她來牧師家見我那天，就是和這位新「媽媽」一道出現的。這位女士疲倦、過勞的身體和姿態，顯示出她為了服事蒙召去照顧的人，付上了多少個無眠的夜晚。麗莎講述她身世的時候，這位有一頭鬈曲金髮的「媽媽」，有力地、體貼地點頭認同。雖然她不大肯定「記憶治療」[1]究竟是什麼一回事，但她的面容流露出熱切的信念（我知道她在禱告），知道神會在麗莎身上作奇妙的事情。

為治療記憶作的禱告

我們以麗莎的故事作為一個開端，然後背靠梳化，舒服地坐在地毯上。我為她抹油，按手在她額上，求我先前已祈求臨在的主，回到她的記憶歷程中，至她母親開始孕育她的那一刻。我為在被孕育那刻的麗莎禱告，然後為她在母腹中逐漸長大祈禱。我為她出生那刻祈禱，想知道這些記憶，能否引發可以解釋她與父母疏離，及她心底那片黑暗的原因，但沒有什麼差錯顯示出來。不過，我隨即發覺她生命最初的五年全是一片空白！她毫無困難地記得五歲以後那些充滿不幸和罪咎的日子，但對不能回憶童年早期的日子，似乎漫不經心。不過，因着從神而來的**洞悉**恩賜，我知道最關鍵性和深層的記憶，被封鎖在生命最早的五年，遭壓抑了的記憶庫中。

許多人對自己童年往事記得很少，也沒有壓抑帶有創傷的回憶——可能他們的生命歷程根本上就是緩慢，沒有太多變故；沒有特別的喜樂，也沒有特大的焦慮。有些在冷酷、呆板、沉悶的環境長大的人，與這些人剛剛相反，他們早年的生活如同既漫長且灰暗的模糊影象，被困在記憶裏。那些記憶實際上是有色調的，給一種憂悶的氣氛籠罩着，卻沒有特別令人痛苦難忘的事，在有意識的情況下或內心深處作祟。這樣的事例若要得醫治，亦需要特別的禱告。不過，透過神的靈，我知道這並非麗莎的情況。

因此我求主帶出她那五年來一直藏在心靈深處的恐懼和黑暗背後的記憶——就是她的情緒和感受的一面。深層的記憶不一定首先浮現，而浮現的大都是**引致**這深層記憶的東西，麗莎的情況就是這樣。第一幅景象出現時，她看見母親在哭泣。我問她母親為什麼哭泣，她的深層記憶便立即顯現出一幅圖畫，讓我清楚知道麗莎為何感到與父母疏離，兼且不能接受他們的愛。

當這記憶漸漸浮現到她的意識層面的時候，麗莎喊叫着説，「不要，不要，我不能忍受！」這個記憶一直被壓抑，因為她不能與之共處。當我溫柔而堅決地提醒她主耶穌與她同在，會進入這情景並且醫治她，她才可以讓這個痛苦的記憶在她的意識裏完全浮現。

深層的記憶

麗莎這段記憶在她大約三歲時發生。父親正對她作出性侵犯的行為，強迫她進行口交，[2]母親走進房間，看見這情況，情緒非常激動，她沒有處理父親的行為，也沒有安慰女兒；反倒抓住她，將她扔向對面的牆壁，父親對母親所説的話如雷轟似的再次在麗莎腦海裏迴盪：「噢，她永遠不會記得這件事的！」十九年來，這句話完全應驗。直至麗莎二十二歲這年，經過漫長的孤單和痛苦的歲月後，這段往事才從記憶裏浮現出來。

這件事雖然很快被壓抑下去，卻成為麗莎與父母疏離的源頭，這段經歷使她與父母愈來愈**疏離**，而且充滿了罪咎感。我們不難明白她母親對所發生的事產生的嘔心感受，可惜的是她的女兒也成為她憎恨的對象。瞬息間的忿怒和驚愕，使她厭惡地推開麗莎，似乎麗莎不單要對這件事負上全部的責任，而且她也像受到無法補償的玷污。雖然這件事很快在麗莎的意識層面消失了，但它卻像毒瘤般埋在麗莎心靈深處，不斷令她覺得自己是有罪而且是污穢的。她在夢中透過皮膚的毛孔看見黑黑的癌塊，正是反覆見證這被埋藏、未得醫治的記憶！

這一類的記憶就是深蘊心理學家[註]（Depth-Psychologists）所要探討的。被埋藏的記憶顯露出來時，便能對這個生命的問題產生極大的洞悉。單是這樣並不足夠，但**可**

深蘊心理學

指一種心理學體系，建基於佛洛伊德（Sigmund Freud， 1856-1939）及榮格（Carl Jung， 1875-1961）的範例，從人的無意識層面尋找關於人類行為的解釋。

資料來源：阿瑟．S．雷伯著，李伯黍等譯，《心理學詞典》。上海：上海譯文出版社，1996。

以開始醫治的過程。麗莎的例子顯示出耶穌親自帶出需要治療的根源，祂自己走進這段記憶裏，幫助她饒恕她的父親、母親，她生命早期的景況，將她從父母得罪她而釀成的「憂傷反應」(grievous reactions)，[3]以及因整件經歷而產生的不健康的罪咎感中釋放出來。主耶穌的愛及醫治的大能為這過去五年內心深層的痛苦及幽暗帶來平安與光明。

從麗莎得醫治兩年半後的來信，我們看見從那一天起，她彷彿變成一個新人，這就是記憶治療：[4]罪的饒恕**應用**在適當的層面上，就是心的深處(在思想或無意識的層面)。她還要採取其他步驟，例如：學習怎樣「練習耶穌的臨在」——就是要操練自己，要自己經常記得祂是與自己同在的，不論她能否見到或感受到祂。因此，在完全倚靠祂的情況下，她可以學習聆聽神透過聖靈所說的話，這些話就能取代過去自恨和自毀的負面說話。她會在祂裏面為自己定位(所有基督徒都需要這樣做)，並且知道她是神的孩子，這樣她會開始恰當地愛和接納自己和他人——這是心靈得到初步醫治後最重要的一步。她學會如何與同輩青年男女建立關係，而不需要經常依附母親輩的年長婦女。總之，當她學習住在主裏面，她需要再次管理自己和改變自己過去對己、對人的慣常態度——那些在精神及感情痛苦與黑暗的熔爐煉成的態度。不過，這是一個學習過程，正如麗莎的情尸況，是需要一些時間的。

以下是她以自己的觀點，寫出那天在牧師家的經歷：

我很害怕。我不覺得這樣做會有什麼果效，而且我覺得自己參與了一些瘋癲的事。雖然我已在這裏逗留了六個月，卻未得到所需要的。我知道為了將來的生活，我仍需要幫助。我會在晚上哭泣，因為我知道自己就快神經失常了。我經常鬱鬱寡歡，無論怎樣努力禱告或讀經，都不能振作起來。我在這裏時已放棄吸煙（大概是吧），因為這是他們的規矩。但當我獨處時，我一定要有煙在旁。即使我沒有機會吸煙，我仍然經常渴望有一枝煙，因吸煙帶給我極大的滿足。

我亦有強烈的自毀傾向，腦裏經常有這思想。這種思想經常化成服食過量藥物的慾望。這種慾望有時很厲害，為了滿足這股難以抗拒的衝動，我便服食能夠使我不適但不能取去我性命的藥物。服藥以後，那種難以抗拒的衝動就會消失；捱過這段自己造成的不適時間後，情況便會**好轉**一陣子。我會服食亞士匹靈、維他命、感冒藥丸，各式各樣的藥丸（有一次，只有一次，我服食了清潔劑 Comet，那是連精神病人也會反胃的東西)。

我日復一日都如此生活，我希望有另一個機會禱告。

開始的時候，你吩咐我幻想自己在子宮裏面。(我覺得你的要求很荒謬。) 可是你十分嚴肅，滿有權威，我說：「好，我在子宮裏面。」當我說這話的時候，我經歷到此生最好的感覺。我感覺自己真的在子宮裏，我喜愛這種感覺，我知道當我在母腹時的確有這樣的感覺。最精彩的地方，不單是我在子宮裏，而是我還哼着歌兒。我知道這定是我在母腹中的寫照！

你說：「好極了！這表示你被愛包圍，家人重視你。你母親極有可能正期待着你的誕生。」這話令我十分快樂，因為我從未想過原來自己未出生前已被深愛着！這令我對母親產生一份愛意，因為她如此重視我。

你跟着說：「讓我們繼續。現在看你出生的情景。」有關這階段，我相信我從未向你提過我那一刻的感受。在我誕生的過程中，我感到強烈的恐懼，我知道這是從母親而來的，與生產的過程無關；我已誕生於世，未來不知如何，直至我經過禱告及思想了一段時間後，才明白這個經歷的全面意義。我真的感覺到那種懼怕源於母親知道父親有問題，這些問題引起她擔心我的安全（我感到在自己生命的大部分時間中，她的擔心都很有理由）。

出生之後，我很快就進入一歲……兩歲……三歲……四歲……空白——全然空白。我見到的是靜止，空無一物……沒有思想……漆黑一片。這令我很悵惘，因為我開始喜歡看到記憶裏的圖畫，而現在……什麼也沒有。

當我知道你能夠控制局面時，我就感到輕省一點。你不斷的說：「看不見任何事物不要緊，漸漸你就會看到。」我感受到你不易放棄、繼續前進的決心。我感到你和××修女禱告並在「炮轟天堂」。我知道你們向神求大能去「掀起我記憶的簾幕」，我很想衝出大門，因為我覺得自己就快神經失常。但我知道你們禱告的能力正在動工，因此我沒有跑掉。然後你呼喚我說：「麗莎，你看見什麼？有沒有什麼東西？告訴我，即使你見到的似乎沒有任何意義。」

我看見母親彷彿在一個燈光微弱的舞台上，她坐在牀沿，頭髮污穢蓬鬆，雙手掩面，抽抽噎噎，嘴裏不斷的說：「不！不！不！為什麼是我？」

我告訴你我看見母親哭泣，但卻不明白她哭的原因（這幅圖畫經常在我夢中出現）。你說「好。神啊，求祢顯出這個母親哭泣的原因，讓麗莎看見其他情景。」當你這樣說，我腦海就像倒回電影膠片一樣，忽然間零星的片斷如同拼圖的碎塊湊合在一起，我看見父親正在侵犯我。我簡直不能相信，我十分震驚，我想否認有這件事。我感到自己在說，不要！不要！神啊，不要！然後我知道這件事的而且確曾經發生，我知道是真的。父親這樣對我，令我感到強烈的憎恨。那時你說：「麗莎，饒恕你的父親。」我感到自己內心說：「對，我應該饒恕他！」

那時，我看見母親走進房間，開始尖叫，她抓住我，將我拋開。我記得我撞在牆上然後靠牆而坐，我不明白究竟發生了什麼事，我不明白母親為什麼又喊又叫。

跟着我看見父親嘻皮笑臉的叫母親安靜下來，因為她這樣喊叫會令我驚怕。他不住的說：「她永遠不會記得這件事！她年紀太小，她永遠不會記得。」

接着母親坐在牀上哭，我不明白她為什麼哭，我只知道她的哭泣令我很難過。我走到她身邊（當時我的高度僅及她坐着時的腰部）。我伸出手去安慰她（像是說：「究竟發生了什麼事？」）當我這樣做時，她把我推開，不要我親近她，並且說：「走開，我不要與你有任何關係！」我記得那一刻我感到空白一片（毫無價值、被人誤解、無人關心）。

就在此時你問我有無其他愛我的人，我回答說我的姨母。你要我想像姨母將我從地板上抱起來，或者我爬到她的膝上，讓她抱我。我照你所說的去做。這段記憶，加上你對我的擁抱，帶給我有生以來最強烈的被愛與溫馨的感受。我首次知道有人愛我，最重要的乃是神真的愛我，這是我最美好的感受。我感到我的肺腑在唱「哈利路亞頌」，我感到我的內心在舞蹈。「快樂」一詞實不足以描寫我的感受。**自由**了！讚美主！

禱告結束，我的生命完全改變。現在當我將這些經歷寫下，並沒有一點困擾，因為那份痛苦已遠遠離開了，我經歷到醫治的快樂和喜悅。

那天晚上回家的時候，我感到無比輕省。躺下睡覺時，我見到另一段記憶。這件事發生在第一件事之後，也是被壓抑的。

我的父母買了一隻小鴨子給我，我在前頭走時，牠喜歡跟着我。有一次，我在後花園踏三輪車，小鴨追着我。這實在十分有趣，我開懷大笑，爸爸在三輪車的把手上綁了一紙風車(他常買風車給我作玩具)，我喜歡讓風吹過，看風車旋轉。

我全速踏着三輪車使風車旋轉，小鴨子也隨着我跑，呷呷的叫。忽然之間我覺得自己好像是鴨子的母親，我要小鴨子死掉。因此我將三輪車掉頭，衝向鴨子，將牠輾過。我殺了牠！母親一直注視窗外，她看見我所做的事，就從屋裏跑出來，使勁抽起風車，用它來打我（這隻小鴨就是我，我殺了牠因為我感到母親就是這樣對待我)。

這段往事浮現的時候，我不能肯定這是否屬實，我不能想像自己會殺死一隻動物；既然這段記憶沒有牽涉母親的感情，我決定去問她是否確有此事。那個週末我回家，我問她是否記得我曾飼養過一隻小鴨，並把牠弄死。她說是，並且因我竟記着這件事而十分不高興。因此，這件事證明我的兩段記憶都是真的。

得醫治後的第二天早上，我有生以來彷彿第一次看見太陽照進窗裏。我感到自己很熱愛生命，每樣事物都如此富有色彩和美麗。我首次為能夠生存及有新的一天而感到快樂。

日子過去，我發現自己已沒有吸煙的念頭。我也不像以前那般嗜食，亦不再想吞服藥丸。我感到藥丸和吸煙是一些具破壞性的記憶，需要治療。被侵犯時我的嘴巴被誤用，以致在往後的年日，我將對我造成傷害的物件放進口裏。

我感到這個經歷引發生命裏所有其他的事，當這個經歷得到醫治，那些**不正常**、不當的事就停止發生。

我留意到過往那種經常被人排斥的強烈感受不再出現，可是這種對別人的想法已經成為一種慣性的思想方式，我要從新訓練自己的思想過程。許多次我「過往被排斥的模式」被挑引起，我就要停下來，了解到我沒有理由有這樣的感受。我需要知道哪些感受是源於過去的經歷和習慣，並且留意到如今我有新的感受：自己內心和與人相處時都感到安全和快樂。

我未得到醫治時，對方看一眼他的手錶也會使我覺得他不接納我，我會認為他不關心我。這種想法常常使我陷入深深的抑鬱裏，而且有自殺的思想。得到醫治後，我再沒有深沉的抑鬱，也沒有自殺的思想。

我的痊愈真像「重生」，我十分肯定我的生命在得到醫治的那一刻，才真正開始。

記憶的能力

在記憶治療的禱告裏，記憶將過去真真實實擺在我們面前的能力，實在非比尋常，主要原因當然是耶穌，祂不受時間限制，**永無窮盡**，在祂眼中，過去、未來亦一樣。祂進到我們只有在回顧時才知道的往事中，雖然我們現在經歷到它的後果。在祂裏面，我們經歷到存在的過去——現在——將來的時間意識，特別有意義的與永恆者匯集一起！在我們裏面，那不受時間限制的永恆觀念被觸發，我們便經歷到過去與現在的聯合——這樣認識地上的時間，可能就是讓我們先嘗一下將來不再被空間、體積、時間限制的經驗。

聖靈在記憶治療的工作

記憶治療和心理方法論不同之處，**主要**就是聖靈的工作，祂表明**上主的臨在**。實際上祂已經走進我們存在的黑暗地獄裏，甚至進到那些正在呈現的戲劇性往事中，我們內心的眼睛（這情況常常發生）得以看見祂。我們接受祂醫治的話、眼神或擁抱，這是我們渴望已久的。我們饒恕別人對待我們最卑污的罪行，祂饒恕我們的罪，我們從彰顯父神的愛的主身上，接納以前不能接受的醫治恩典。假如我們能抬頭仰望祂，接受祂的醫治恩典，就會發覺祂其實一直帶着醫治的行動與我們同在。

雖然聖靈一直安靜有力地工作，要將整全的心理狀態帶給麗莎，但她實在不能接受——她的罪咎感太深，她的心靈受傷太重——在父親對她作性侵犯的可怕記憶中，以及母親對這件事的強烈反應裏，她不能用心靈的眼睛仰望主，她更加不能接受主的愛和醫治。這是一個很好的例子，表明沒有任何醫治是相同的。再者，記憶治療絕對不能淪落為一套方法。相反的，記憶治療是教牧人員聆聽聖靈及與聖靈合作的一件事。當我聆聽，要找尋一條出路衝破這個絕境，聖靈引導我探討她生命裏一個愛她的人，這份愛可能打開她心靈的門，使她能夠接受主的愛。我問她誰曾經愛她，換句話說，她曾經**接受**誰的愛。就是這樣，我發現她的姨母。

我求主將一段她與姨母共度的快樂時光帶進麗莎的記憶。我對她說這件事：「現在正爬上她的膝頭！」她這樣做的時候，神醫治的時間就臨到。當我擁抱麗莎**和她姨母**時，我成為流露主耶穌愛的醫治的神聖管道。透過我以及記憶裏從一個已逝的姨母身上得到的愛，主的愛完全進入，並且醫治心靈破碎的小麗莎。

對她來說，其中一項基本的治療，就是父親對她作出性侵犯時，母親對她徹底和絕對的棄絕。雖然她基本的心理需要是與母親或一個可取代母親的建立愛的關係，但這段刻意被封鎖的記憶，使她不能信任或接受母親的愛。再者，姨母的手，不再環抱麗莎了，她的死，切斷了惟一少許克服這個可怕感情損失的機會。

我現在明白麗莎的極端脆弱以及她陷在女同性戀老師手中背後的故事：感情貧困。從性行為神經官能病的角度來看，女同性戀行為（外顯的歇斯底里[註]的性格除外）沒有男同性戀者的行為那般複雜。我見過或輔導過的大部分同性戀女子都是源於渴慕母親的擁抱，但這需要從未得到充分的滿足。從麗莎的信中，我們看見她只信任及接受姨母的愛。從她口中，我發現因這緣故，她母親對姨母極為嫉妒，到了一個地步就是不讓姨母再到他們家裏。此後麗莎很少見到姨母，或只能偷偷地見她。當麗莎有機會見姨母時，一定會被親熱的抱起，姨母的雙臂緊緊的環抱她。我問她：「你何時開始不再見到姨母？」麗莎想了一會答道：「我五年級的時候她死了。」**這些擁抱停止後，麗莎就投入老師的懷裏。**麗莎的悲劇在於她十分渴想女性

歇斯底里

Hysteria。這個詞源出古希臘語，又稱歇斯底里症，或稱癔病。患者將其不能解決的矛盾情緒、不安、憂慮，通過潛意識，轉化為各種身體上或精神上的病徵，以逃避所面對的困難，或引人注意。病徵有多種，例如：失明、失聰、全身或局部麻痺或癱瘓、抽搐、痙攣、失憶、痴呆，甚至怪異的動作、身體局部疼痛、厭食或狂食，多重性格等。

資料來源：香港醫學會 http://www.hkma.com.hk/chinese/pubmededu/special/nervous.htm

的雙臂和愛的慰藉，這些擁抱演變成為性愛的行為時，她沒有抵擋的能力。

麗莎的身分危機

從人的角度看，失去母愛是人生最大的損失。嬰兒進入世界時並不曉得自己已與母親分離，只有在母親的愛裏他才開始認識到自己是一個分開的個體，一個獨特的人。從母親充滿愛意的接納裏，這個小男嬰或小女嬰開始跟母親的情感及心理分開，那是一段漫長而艱苦的旅程——從他明白身體與母體分離後，這個旅程持續下去。女同性戀者的行為，並不是完全源於早期不能與母親建立信靠及愛的關係。但若然是這個原因，我就會覺得麗莎是個典型例子——能充分說明很多事情。從這些婦女身上，我總發現因為某種原因，[5]這個出現在嬰兒期或童年早期的感情損失會留下極大的欠缺感——除非這份代表嚴重棄絕的感情損失得到醫治，否則她不會在這方面得到什麼補償。她可能又或者不能明白，她**為什麼**彷彿被強迫去親近一些女性，為的是要得到她渴望的愛。我的經驗告訴我，這些渴望大多數變為失望。

醫治（整全）與關係得到修補有關。

基督囑咐並且賜能力給祂的門徒作醫治的工作，因為祂知道所有人跟自己、跟別人的關係都是破碎及疏離的。為了使人在生命的各方面重新得到整全，他自己與神、與人、與自然界、與自己內心深處的「我」的關係必須得到醫治。[6]

墮落的景況構成分離的危機，在破碎關係的創傷裏存着現代人所描述的身分危機。

當學校的輔導員轉介她去見心理醫生時，麗莎正處於身分的危機中——這種危機有不同的層面，而我們對它亦有不同程度的熟悉。她的危機令她很痛苦，因為她生命的處境令她差不多完全與愛隔絕，因此，也攔阻她享受真和美。事實上邪惡就是分離，跟那些可以使我完全的東西分離。從神學的角度來看，罪或惡就是與神**分離**；從心理角度來看，罪惡是內在的分離，是和真我或更高層次的我的最終分離：

我們也知道，神的兒子已經來到，且將智慧賜給我們，使我們認識那位真實的，我們也在那位真實的裏面，就是在他兒子耶穌基督裏面。這是真神，也是永生。小子們哪，你們要自守，遠避偶像！[7]

使徒約翰在這段經文裏提醒我們小心假神，這是很重要的。當我們與神分離時，我將自己的自我（identity）建立在受造之物而不在創造者身上。我的眼睛專注我的偶像。可是我若注目於神，我就會開始認識自己是誰。聆聽祂的時候，以自我為中心的舊我，以及有自我意識的我便死去。神從來沒有停止說話：「太初有道，道與神同在，道就是神」[8]。祂傳遞我所需要的真理話語；世界的力量將我捆綁在虛假中，將我和**真實**分開，但真理的話勝過它們。我**聽見**那道在說話，**真正的我**開始脫穎而出。服從祂，我首次經歷到何謂真正的自由。每一次的順服都堅強了我的意志，我開始培養出高尚的道德品格。透過每一次的敬拜，我的心靈得到力量，我開始確實的知道：有另一個人與我同在，住在我裏面。

麗莎和我們都需要醫治生命裏的**分離**，她需要從虛假及真實的罪，以及在自憎的景況下觀看自己的錯誤方法中釋放出來。創傷的記憶成為得到醫治的巨大攔阻，不斷地散發模糊不清，黑暗重重的信息：「你是污穢的，惹人反感，毫不可愛，叫人討厭，因此無人接納你。」這個信息滲透麗莎不同層面的意識裏，由此而產生她對自己的看法。她需要被帶進主的臨在，讓這個痛苦難忘的記憶得到醫治，從而開始透過主的眼光看自己，聆聽祂的話——真正的聽到——將她從不斷令她糊里糊塗的負面嘲諷及直接的控告中釋放出來，這一切早已充塞着她受創的心靈。與這位不單**醫治**而且能使人得到**完整**的主聯合，她會從自憎及恐懼中得到解放，並且有力凌駕生命境遇所帶來的限制。她得着能力接納自己，就可以去愛及接納他人。

藉着聖靈的能力，基督徒輔導員可以幫助像麗莎一樣的人。這是因為主耶穌的話：「我父做事直到如今，我也做事。」[9] 我們學習觀摩祂所做的並且與祂合作。我們必須施行基督的醫治，這種將人從捆綁中釋放出來的工作——因為像麗莎一樣的人必須得到感情的醫治才能仰望主，接受祂的愛和他們獨特的性格。沒有這一點，他們不能進入那使他們可以自由與所有被造之物聯合的關係裏，更不能成為主要他們成為的人。

主的靈在我身上，因為他用膏膏我，叫我傳福音給貧窮的人；差遣我報告：被擄的得釋放，瞎眼的得看見，叫那受壓制的得自由，報告神悅納人的禧年。[10]

第 2 章

同性戀的成因：**現代理論**

「麗莎，你不如面對你的問題。你是女性中心的，你一直都是這樣，將來也會如此。你需要接納這個事實，你要接納你是女同性戀者，並且接納這種生活方式。麗莎，你生來就是這樣的，你不能繼續抗拒這個事實。」

這番話如令人不適的波浪，不斷在麗莎下垂的腦袋中翻騰。說這話的人，就是從初中開始就一直治療她的兩位精神科醫生其中的一位。那時，她自殺不遂，剛轉離深切治療室，還未遷往青年康復中心，那位精神科醫生接見她。

禱告令我們了解麗莎的情況，並且知道如何糾正她，這與一直照顧她的醫生們的理論極度相反。兩位醫生都認定她是無可救藥的同性戀者。[1]我不知道究竟他們認為麗莎的所謂同性戀取向是與生俱來的，抑或單單由於她身體或心理發展的障礙所引致。

醫生對麗莎所說的話若然脫去現代的掩飾，就會變得更令人震驚。實際上他的意思是：「你可以透過性器官的親密接觸，將你自己的生命和愛情注入那一位同性身上，你就能充分地找到你的自我（identity）。」

在兩性關係裏，不成熟的女性經常試圖在配偶身上找到自己的生命，因此她將自己的自我和幸福建立在他身上。如果她把她的自我性慾化（即是：如果她只把自己看作一個性的存有，無論是在有意識或無意識的層面），那麼她只會嘗試透過親密的性行為來肯定她的身分。像任何同性戀的情人，她至終會發現這是一個既徒然又屈辱的嘗試。當她愈來愈感覺不滿足時，她便會不斷需索他沒有付出或者不應該付出的東西。當她將他當為一個神後，她便不能忍受他像其他人一樣，只是一個凡人。她會像同性戀行為的人一樣面對相同的困難——永遠不能透過親密的性關係找到真正的自我。

許多同性戀的捍衛者，甚至許多心理學家、醫生們都公開地贊許這種親密的行為是正常及自然的治療法，在這種情形下，我們只可以說，性慾披上了神祕的外衣，它肯定被視為偶像。米尤格戴蓋（Malcolm Muggeridge）對這個現代的現象淡然道來：「帕斯卡（Pascal）這樣說。當人類嘗試不要神而活，他們就一定會陷入妄自尊大或色情狂或兩者兼備的網羅裏。不是舉起拳頭就是豎起陽具：尼采（Nietzsche）或是勞倫斯（D.H. Lawrence）。現代社會證實了他的觀點。」[2]

既然這本書主要是見證及描述透過禱告醫治性行為神經官能病，我不覺得詳盡分析流行的同性戀理論會有什麼幫助，這樣做只會捲入有關這個問題的社會政治派別——它們只反映現代人的思想模式。流行的修辭學並非純然科學性，大部分乃出自這些派別。再者，如果我寫的話，那只會是早已被更有資格的人討論過的主題。[3]說了這番話，我會簡略的提及現代的觀念和理論，有些是麗莎的醫生幫助她減輕內裏痛楚及孤單時所給予的最後「配方」。

現代精神分析學之父佛洛伊德（Freud），視同性戀為心理障礙，而且相信實際上是不能醫治的。二、三十年前，他傳授的理論一直沒有足夠的理由去反駁。在他之前以及未有仔細研究人類行為裏的潛意識思想之前，猶太基督教傳統，以及大多數的西方社會都從**道德**的角度看同性戀，甚至某程度上從犯罪角度視之。當同性戀開始被研究以及後來明瞭是神經官能病裏其中一個最複雜的毛病之後，這種失調就轉到其他方向，許多人單單從**心理學**角度來看待這問題。這樣，同性戀問題裏的道德和靈性的角度被擱置，後來甚至遭某些人完全否定——雖然佛洛伊德相信人至終要為自己的選擇負責任，為自己減輕內裏孤單和痛苦的方法而負責。

今日一般受過教育的人，一直都是在通俗及簡化了的佛洛伊德理論知性環境中長大；他們相信精神分析所說——人不用對他們的神經官能病負責，因為這些病是由潛意識的情結形成，是嬰兒或童年的痛苦難忘經歷，非他們所能控制。這個解釋雖然含有若干真理，但卻過分簡單，對佛洛伊德的理論中心實有抵觸。**創傷和衝突**有極其重要的分別。一位長於治療偏差心理，十分出色的精神病科學教授斯托勒（Robert Stoller）有這樣的解釋：創傷是內裏的感覺，例如飢餓或痛楚，又或者是外在發生的事情，如暴力或父母死亡，這種創傷可能只引起反應或改變。受影響的嬰孩或兒童帶着某種程度的痛苦，可以適應新的環境。斯托勒繼續說：「並非所有的（創傷）都產生衝突；衝突表示內心掙扎，要在所有可能性中作**抉擇**。」衝突，而非創傷，才會使成長產生內在的分歧。這甚為重要，因為神經官能病，包括變態性行為的發展，並不單單是創傷的結果，而是由於在衝突中作出的某些決定，若我們看這個字為專門的用詞。不管是簡單的或無意識的，這個人由於衝突的緣故，會在兩者之間作出個人的**抉擇**。[4]

緊隨着這個單單由心理學角度視同性戀為不平衡態度的，是一股動力，嘗試將同性戀了解成**生理**問題，而不是道德或心理問題。嬰兒未出生前，在出生過程裏及出生一年後，對事物還未有概念之前，所承受的心理損傷帶來的影響，直到近年才被正視。一般來說，我們實際上仍不明白箇中成因。因此，對一些人來說，同性戀神經官能病最早的出現，可能是與生俱來或是先天的——與嬰兒出生時一同出現。在生理上試圖去處理這個成因並不成功；但是與一般的研究報告有違的，就是沒有真正的科學證據，證明遺傳或者內分泌的因素會導致同性戀的行為。

也許因為這個緣故，現今許多同性戀的維護者，似乎十分相信同性戀行為在心理及生理方面是正常的理論——與天生慣用左手的人同樣正常。這個思想後面當然包括人受心理、生理的決定而成為同性戀或異性戀者。由於這個理論未被肯定，而事實上又有違我們一切所知的生理、心理知識，所以他們是以假設作論據辯論。他們進而將同性戀的困境和世界各處見到被剝奪公民權或者少數民族的情況連在一起，以達到他們期望的效果，因此他們無恥地利用連結的力量來爭辯；由於他們小心地（但未必合邏輯地）將他們爭取社會政治權力的舉動跟黑人、女性及其他少數民族爭取平等權利的情況連在一起，故此他們便大獲全勝。

有些人轉向神學的角度，在一位聖公會神學家的帶領下，對這個辯證加上曲解，宣稱同性戀的情況是神在創世時其中一種的表達方式。因此，教會內有些人和麗莎不信主的精神科醫生有相同的結論，並且更加指出：「如果神將他們造成這樣，為什麼要將他們的性接觸的權利視為不道德？」有人更為了這種行為而設立一套倫理制度，包括要對伴侶以及同性戀的婚姻忠貞，為的是避免同性戀者濫交！在這一切之中，我感到一位生殖之神的存在，目前這種生命本能的高舉，就是在敬拜這些與生俱來的黑暗神祇。在這種情況裏面，我們不能討論到貞潔的光彩和獨身的喜樂。可貴的理智也要垂頭退出。我感到一陣強烈反感，不是由於有人需要從同性戀的景況中被釋放出來，而是由於在生殖的神面前竟如此大吹大擂。這一切表現的悲劇結局，當然是攔阻像麗莎一般的人得到他們需要的醫治。

或許在教會內發生這些令人無法接受的質詢要求，對我們來說是一件好事，它們頗有力的指出，教會整體上不知道如何幫助這些受苦的人得到醫治。[5]因此，那些持守傳統和聖經觀點，看同性戀者為有罪及需要醫治的人（「你們中間也有人從前是這樣」）[6]，努力地尋求牧者的答案。當他們得不到答案時，他們大聲呼叫：「答案在哪裏？」呼叫教牧答案，乃是要求醫治殘缺的靈與魂的能力。同性戀的行為是罪，且也不成熟。那罪是與人靈性的殘缺有關，透過承認個人的罪及被赦免而得到痊愈；而不成熟的一面是魂的殘缺——這些殘缺要被糾正以致靈與魂能在自由中成長。

假若出自真誠的渴慕及祈求，牧者的答案便會帶出教會醫治的恩賜。美國聖公會亞特蘭大辛斯主教（Rt. Rev. Bennett J. Sims）在他出色的牧者聲明「性與同性戀」[7]中提出：「我們堅信神願意醫治，讓我們持守異性關係，並相信聖靈的能力能使教會的醫治恩賜重新興旺。」

第 3 章

馬修的故事：**身分危機**

黝黑、英俊、高大、健碩的青年馬修，當他在自己喜愛的職業中獲得極大的成就時，首次出現在我的門前。從表面來看，這位男性味道濃厚的人一帆風順：良好的教育、健全的心智、英俊的外形，多才多藝、年輕有為；他雖然擁有這一切令人豔羨的外表和條件，但他的內心世界卻走向崩潰之路。在絕望中他來尋求幫助，他懼怕到一個地步，甚至不敢冀望神會透過他的禱告減輕他內心的痛苦和混亂，並且消滅那將他生命一切掛憂暴露出來的新體驗：對另一青年男子的傾慕的衝擊。

我不斷的為他奉上熱茶，首先安慰他，對神來說，醫治及糾正這等事情並不困難，再者，沒有人生出來就是同性戀者。他逐漸放鬆，開始第一次向人述說他的痛苦故事。他的父母當然與這個故事有關。作為基督徒，馬修希望能將父母的行為用最大的愛心坦露出來。可是，當父母的行為是明顯的惡劣，子女對父母的忠心，有時成為開放個人最深的傷害和被厭棄感覺的攔阻，馬修就存有這種心態。除此以外，更重要的是他內心深處有一個感受：父母不愛他是他咎由自取，他根本就不可愛，因此，父母的表現在某程度來說是情有可原的。他從來沒有透過言語表達這些感受，不過，他努力述說他的故事時，這些感受就表露無遺了！

馬修的祖父母是由不同語言背景和國家而來的移民。他的父親是家中第一個在美國出生的人。如同一些在窮困移民家庭出生的孩子一樣，馬修的父親經歷到生命的傷痛，他甚至在馬修出生前有一段時間身繫囹圄，被其他罪犯虐待。在馬修最早的記憶中，他父親脾氣暴戾，而且極端專制。他蠻不講理兼且殘酷，對馬修這小男孩的期望經常混淆。馬修很難符合他的要求，從來不知道什麼原因會引發父親的脾氣，只知道父親心情欠佳時，自己就會被拳打腳踢和辱罵。

馬修的母親有另一個國籍及語言背景，她成長之後才移民美國。因為她本身的文化背景要求她對男性毫無異議的順從，又因為她懼怕丈夫對她的暴行，所以她對丈夫全無反抗之力。她的英文不好，可能因此令她不能與他人接觸，從而得到她所需要維護自己的支持和幫助。她的丈夫不喜歡孩子（他之前已拋棄了另一個家庭），她因懷了馬修而有罪咎感。馬修出生後她立即讓人領養他，但第一週無人問津，她便把他帶回家去。馬修的存在成為丈夫虐待她的另一個藉口。在情感飽受煎熬下，她不能好好的撫育這個小男孩，更加沒有能力保護兒子免受父親的無理取鬧。若她嘗試將真我表現出來，就肯定早已被丈夫踐踏得體無完膚了。當馬修嘗試向我形容他母親的時候，我感受到這個女人差不多不存在。作為一個成人，馬修一直感到與母親極度疏離——他根本不認識她。最後，丈夫與她離婚另娶。她舉目無親，軟弱地依附兒子。

馬修是個敏感、不快樂、非常寂寞的小男孩。求學期間，因為父親不容許朋友們上他家，這種孤單更加增強。除了上學、放學外，他沒有其他權利。在他成長的日子裏，其中一樣能夠安慰及替他解悶的東西是一些有生命的東西。他喜歡植物花卉。有一天，他在庭院裏栽了一個花圃，但他的父親帶着一腔怒氣回家，將整個花圃破壞。他深深的被傷害，這是他需要得到醫治的其中一項最痛苦的記憶。

馬修少年時候認識基督，他如同一個即將沉溺的人緊緊的抓住祂。在這個階段，他繼續感到孤單，與父母及其他人疏離。他常為母親不能講流利的英語和她手足無措的表現感到尷尬，同一時間又因自己對她沒有包容的心而感到羞恥。他最渴望得到的就是父親的愛，他經常盼望父親給他讚賞或鼓勵，可是他經常得到的只是負面和充滿敵意的回應。

馬修大學的成績很好，得到同學們的讚賞。可是他與男性朋友的關係很有問題，因為他懼怕自己最敬佩的人不接納他。女孩子們只能從遠處欣賞他，他的痛苦及懼怕不被接納，令他在許多方面都表現得冷漠及難以捉摸。那些堅持並且衝破這些攔阻，去接觸這位英俊青年的人，明白他感情上不可名狀的痛苦和煩惱，但卻不知道怎樣幫助他。對自己似乎過盛的性能力，他有很大的掙扎，而且對自己的性衝動感到驚懼。他害怕會傷害那些能夠突破障礙、與他交往的女孩子，就是他真心欣賞而又確實想認識的女孩子。他最希望這些女孩能保證，她們認識他後便會喜歡他，不過，他不相信這個希望能夠兑現。

我們在人類的家庭中認識自己，透過家人的愛及至終在神的愛中認識自己，找到自己的位置。馬修不覺得自己是個有價值的人，更難相信自己除生存外，有什麼令人難以置信的**成長**潛質。因為他相信別人不會愛他，他就如無根的浮萍一樣。神不單只召喚他誕生於世，而且給予他在世界上一個**位置**，又呼召他發揮他滿有藝術和靈性的生命，但這個事實對他來說簡直難以理解。

簡單來說，這個隱藏在背後的故事，他認為是自己主要的問題：他對欣羡而想建立友誼的一個男子充滿強烈的慾念。

這種濃厚的渴慕極為駭人。他愈想用理性消解這些渴望，他就愈受這些慾念強制，甚至作夢都想與這個年輕人有同性戀的行為。

未詳細探討究竟發生了什麼事之前，我們要全面看看困擾馬修的身分問題。

馬修的身分危機

所有人都有被愛、被接納的基本需要，馬修的父母沒有給予他需要的愛和肯定，就是他作為兒子所需要的——被父親和母親愛護和疼惜。再者，母親在他出生第一週將他交出被人收養**之前**，他已經嘗到被棄絕的經歷。從知道自己懷孕的那一刻開始，母親就害怕要把他生出來。他幼年最重要的最初幾個月不斷受到這種厭棄。生命這個階段缺乏愛，缺乏接納，他實在非常需要得醫治。

沒有好好的被愛過，他就不能愛人又不能接納自己。此刻我們又進入他身分危機的另一個特別痛苦的層面。他習慣粗暴的語言多於讚許的話，對自己不會有太多的安慰和肯定。從小到大記憶裏的被拒、被傷害，叫他相信，他遠遠不能達到自己所渴慕成為的人的形象和思想——一個別人尊敬和愛慕的人。他聆聽並且相信破碎心靈深處對自己的控訴，他憎厭和摒棄自己。

另一個身分危機的層面是關乎他的性別身分。雖然他擁有健康年輕男子的正常性衝動，他卻沒有與這個衝動配合的男子氣概和個人自我（identity）。代之而有的是一個幻想式的生命，一個反映他晚上夢境的生命。他誤解了這些夢，以為自己是個同性戀者。在這之前，不能遏止的自瀆已經是個嚴重問題，為這個緣故，他非常憎惡自己。這個情形愈趨嚴重，所有其他未得醫治的身分角色等基本問題仍然存在。馬修的內心仍然是一個小嬰孩，需要一個能提供安全感和愛護的母親；一個需要父母的愛的孩子，他亦需要互相愛慕的雙親；一個極其需要從父親得到愛、肯定和接納的兒子。

除非孩子同時擁有一個強而肯定的父親，否則一個保護性太強而又與兒子有特殊或傷害性親密關係的母親，會令兒子不能將自己的性自認（sexual identity）與母親的分開。母親因此成為促使兒子出現同性戀傾向的因素。不過，馬修沒有與母親的自我分開的問題，因為他無論在感情或身體上都與母親疏離。

不過，他父親有兩種行為特別妨礙馬修建立一個牢固的性自認。第一，馬修缺乏一個有溫情和仁愛的父親作為模範，就是他需要的男性角色模範，為此他受了許多苦。成長過程中任何一個階段沒有一個能肯定自己的父親是可怕的經驗，這個經驗在與同性戀無關的其他情況下，常常在醫治的禱告中反映出來。這些醫治的時間令我深信，這個損失對於正經歷或剛經過青春期的少男、少女最為重要。父親的形象對青春期孩子的重要，就等如母親的慈愛對初生嬰兒般重要。最出色、最能幹的母親無論如何努力，都不能修補一個不在意或冷酷的父親與少年子女的隔閡，她根本不能夠像一個**整全**的父親般去肯定她的兒女，這是離婚或破碎家庭帶來的可怖悲劇之一。很少有一個代父能夠或者願意去肯定在青春階段掙扎成長的少男、少女。

魯益師（C.S.Lewis）稱這個階段為「生命中的黑暗時期」。[1]很少人從自戀的年輕人徹底轉變為有自信的男女，能夠忘記自己，真正的愛人。若有這樣的人，他可以提出來與魯益師辯駁。馬修的父親不單不能幫助他由這個混亂的階段滿有自信地在男人中活出作為男人的他的自我——能夠作成熟的抉擇，對自我和處境肯定和有美好的把握，與妻子建立性方面的關係，作子女的父親——他反而視馬修如同自己身上的附屬物或他自己的延伸，一個他憎惡的「己」。馬修主要透過父親（他仍然渴望在他身上得到愛）的不接納和仇視的眼光建立內心的他的自己。他渴求從其他男人身上得到愛和尊敬，其實他同時期也找尋自己的父親。

他父親另一方面的行為，對他能否成功地獲得男性的自我，構成更大的威脅。他經常可怖地在馬修面前出現，父親對兒子那種滿有敵意以及專制獨裁的態度，成為主要的途徑，使我逐漸明白，我稱之為**男性特質**嚴重**抑壓的表現**。

上天賦予我們**自由**或**活潑的意志**，這可以稱為有**創造力的意志**，與自私或自我中心的意志相反，這個意志要和一切與它有關的相互影響。無論男或女，我將意志當為我們生命裏的男性部分。透過這個男性、活躍的意志，我們對生命負責任，作出決斷性的抉擇。舉個例：得救的經歷。透過這個意志，我們選擇與神聯合和交往而不選擇分離。透過這個意志，我們有意識地，決斷地選擇整全及釋放自我的天堂，放棄那疏離及破碎自我的地獄。[2]這個意志可能會危險地被壓抑着，失去效用，甚至完全破碎。它可以很容易被懶惰或 accedia(註) 控制，就是那稱為七個致命的罪之一，因為它的真實意思是一個沒有作用的意志，至終成為拒絕所有喜樂的心靈麻木。無論上述那一個情況，都只會產生消極和毫無創意的痛苦。

馬修父親持續不斷的殘暴行為，正是達到這樣目的的方法，就如一隻小公雞在一羣啄食的公雞裏能夠突圍而出的機會微乎其微。若沒有神醫治的恩典，馬修顯露自己真正男性素質的機會簡直渺茫，這一切的影響逼使他將**真我**置於死地，就是基督為之而死以致他能夠自由地**成為**神的榮耀的我。我們看見真正的男性素質和真我緊緊相連。[3]那些突破困境、具創意的男性，他們能夠愛又能與萬物交往，歡悅地種植花園——或者無懼地，毫不忸怩的與女性戀愛的男性——是個不斷被擊倒的人。

accedia
一種西方中世紀基督教僧侶的苦修活動，是現代性憂鬱的發端。
資料來源：顧彬著，〈解讀古代中國的「憂鬱感」〉。《清華大學學報：哲學社會科學版》，2004 年 19 卷 3 期。

馬修事件中的主要領悟

當馬修受到同性戀的誘惑和夢境的襲擊而前來找我時，他完全不知道這一切的後面隱藏着些什麼。他只以為自己是最卑鄙的罪人，作為一個基督徒他竟然有這種沒理性、既強勁又不道德的衝動。我們未從這個角度探索他的問題之前，馬修需要極多的禱告，使被唾棄的記憶得醫治。他需要饒恕人，亦需要被饒恕，而且要從他對他人的罪所作的反應、影響中釋放出來。他需要人幫助他整理對神、對自己、對他人的錯誤觀念。

我們第二次見面時已經可以處理他的同性戀衝動。他對以下一列的問題感到十分詫異。我問他關於那位令他經歷到強烈同性戀慾念的年輕男子：「你最欣賞這個人哪一方面？」他答道：「他的外表、才學和成就。」這些當然是**他自己擁有的出色特徵**，但卻是他仍未能接納、否認的特性。我跟着問他：「在你的幻想中你做什麼？」「在幻想中，我想擁抱他，吻他的嘴，想與他交合。在夢中，我就有這些行為。」[4] 我又問他：「你對食人族有什麼認識？你知道他們為什麼吃人？」他驚奇至極，回答說：「我不知道他們**為什麼**吃人。」這一連串的問題，主要是令馬修這類人的思想和心靈，清楚明白到同性戀的慾望究竟是什麼一回事。我告訴他一個宣教士曾經告訴我的事：「食人族只吃他們欣賞的人，他們吃人為的是**得到這些人的特性**。」馬修的情形其實很清楚：**他從這個年輕人身上看見自己失落了的東西，並且喜歡這些東西，就是他不熟悉又不能接納的部分。**

第一次跟馬修談話及為他的痛苦記憶祈求醫治時，我清楚領悟到，他被剝奪的痛苦和他十分需要接納自己。這使我後來得以找到他問題的關鍵。奇怪地，他將那位青年人理想化，形象愈來愈清晰。他由心深處知道這種投射，而且真相顯在夢中，當他能正視令他驚恐的「同性戀」夢境時，就是好消息，「看，你正嘗試和自己生命裏失去的一部分融合，只是你用了錯誤的方法。」

馬修的同性戀傾向背後強而有力的因素，是因為他痛苦地跟許多屬於自己的東西割離。其實這些特質在他的事業和藝術的成就上有很大的貢獻，這些東西包括**不被肯定**，因而未得整合的性格特質。無論他是清醒或作夢，他熱切欣賞的年輕人就代表他個人性格方面的優點和才幹。所以，我們應該怎樣向主祈求就變得很清楚和簡單了。我們可以特別為馬修能夠認識、接納及將自己投射在那個年輕人的東西**聯合**而禱告：就是那從未被父母肯定過的，馬修英俊、腦筋敏銳和成功的一面。我們禱告的時候要想像這樣的事情發生，將信心融進這強而有力的信心禱告中，這個醫治的禱告立即消解了難以平靜的、同性戀衝動後面的力量。

禱告

當馬修開始明白自己內心的景況，他就誠摯的渴慕為他能夠接受這些他投射在別人身上的性格特質禱告。緊跟着的幾個星期，證明這個禱告真的消除了同性戀衝動的毒刺和力量。

目前他需要的，是承認這些現在被識別及處理的特質，是促使他近日事業成功的重要因素，它們不能掛着同性戀衝動的面具來攪擾他。不過這只是他需要被醫治的大範疇裏的第一步，他還需要被賦以能力完全的接納自己。作為**個人、男人、有價值的人**，他從未得到肯定，他裏面蘊藏着許多沒有肯定的自我。即使父母能給予有意義及深切的醫治也已經太遲，更遑論要另外的人（例如我）取代他們的位置而作出這樣的補償。這個階段他並不需要父親或母親——他需要在神面前**面對他裏**

面的孤單，當他學習在神面前等候、聆聽的時候，他就會得到全人醫治。透過與神的雙軌溝通，他會得到完全的肯定。我的責任是懇求神的臨在，呼喚馬修進入這個光景，注目真正的馬修，單單為神要從他裏面呼召出來的人而祈求。

心靈醫治的障礙

心靈醫治有三個重大障礙，攔阻神呼召我們要達到的成熟和整全個性，這些障礙是：(i) 對人沒有饒恕的心；(ii) 不能接納別人的饒恕；(iii) 不能正確地接納及愛護自己。透過記憶治療的禱告，馬修在第一次會談時已差不多除去生命裏大部分第一、第二重障礙。首先要醫治他痛苦而難忘的被棄絕經驗。因為這些舊的傷口影響他不能接納自己。當然，和我們一樣，他愈被啟發就愈發現有更多他需要饒恕及被饒恕的事。我們為他抹油及徹底地為他得醫治禱告之後，他得到的釋放是如此的昂揚和喜樂，以致他以為自己再沒有其他需要；但這只是基本的醫治，使他能夠自由的向上望，而且開始攀向令人興奮的山峰（從老我的內在形象釋放出來），從不成熟向着正確的謙柔和自我接納的成熟邁進，就是與錯誤的自覺和自愛的自我中心對立的。有了這種醫治，他可以繼續朝生命的核心所發放的自由前進，這個核心是基督居住及模造新人之處，而不是不被愛，心靈受傷的小男孩，在沒有愛心的父母的權威以及迷惑的世界裏生活。

正如麗莎的情形，要剷平馬修的第三個障礙需要一些時間，一方面因為會牽涉到將一生慣有的態度和思想習慣改變。斯肯朗神父（Michael Scanlon）在他出色的《心靈醫治》（*Inner Healing*）一書裏這樣說：「我們生命的核心操縱我們的態度……這個生命決定我們與人與神聯繫的一般樣式。」[5]我會加上一句：與**我們自己**聯繫也一樣重要，這是因為當我們憎厭自己，對自己沒有忍耐和愛心的話，就不能愛神、愛人。關於對自己有忍耐的這一個美德，天主教哲學家加雷丁伊（Romano Guardini）曾經這樣說：「無論何人希望進深就必須從頭開始……對自己忍耐……這是一切進步的基礎。」[6]

另一方面，它牽涉到「效法」基督以及活出新的生命，這樣做，頭腦的每一個思想和心裏的每一幅圖畫都要服從基督——真正的「實踐神的臨在」並不是抽象的練習或積極的思想方式（雖然事實乃如此或者更甚），乃是等候在我們裏面、外面，在四周圍的主，一個能在任何時刻，向按祂形象而造的人，彰顯祂自己的那位絕對真實，因此我們「將你們的心志改換一新，並且穿上新人；這新人是照着神的形象造的」。[7]

既然披戴基督，我們知道那另一位（Another）就是主，祂在主持大局。既然接受祂進入我們的生命，我們知道那另一位在我們的生命活着。因祂內住我們心中而結的果子（「仁愛、喜樂、和平、忍耐、恩慈、良善、信實、溫柔、節制」），[8]從我們裏面傾流進他人的生命，我們作為渠道的人，與其他在芳香健全氣氛下的人同得醫治，這個臨在的禮物——認識、講説、行動的能力——都是我們的，我們成為神要我們成為代表和諧的傑作。我們手所作的工得到肯定，與主聯合和溝通，我們以前破碎的心靈被連結在一起，完整及協調，就如複雜的拼圖遊戲，在一個熟練的引導之下，每一片都找到自己的位置，砌成一幅圖畫。我們裏面不再分割。我相信當詩人向主呼叫「求祢使我**專心**敬畏祢的名」時，[9]就是為要祈求這樣的醫治。

神的臨在將真我從錯謬老我的地獄顯明出來，復活就是最貼切的描述。這個只有一面的真我不再受抑制、感到恐懼、不安，他將多種面孔的假我撇去，勇敢地走到前面來，將性格裏所有正當而真實的放在自己裏面。我們裏面各部得到聯合之後，才能經歷到神的靈居住的生命核心的自由。我們的心意與神的心意合一，我們不單開始練習祂的同在，而且也練習與這個新人同在，我們不再活出死亡和邪惡律例掌管的舊人，以及仍在律法之下生活的不成熟生命（參看《聖經‧加拉太書》第 4 章）。

馬修知道我們可以是基督徒但仍然活在律法之下，我們完全不明白我們屬靈的產業，也不明白可以靠聖靈行事和練習與這新造的人同在的能力。我們反而像滿有罪咎感「不能接納神或人的愛」的小男孩、小女孩，因此沒有能力運用所需要的成熟權柄，去處理我們的生命或在基督身體裏的領袖位置。因為這個緣故，我們不能在聖靈所賜予的醫治恩賜裏過有力和有效的生活。虛假的謙虛、真實的罪行和需要醫治的心理都攔阻我們活出生命的核心，在這核心中，我們知道在主裏面我們是誰。這位份既是權力，又是受造之物的命名者，賦予未墮落的亞當，亦賦予我們被救贖的人。神照祂的心意模造我們，給我們取名字，其他的受造物再不能為我們取名字或模塑我們。是成熟與權能醫治整個世界。每一天，我們都向所有自私和專制的權勢死去（一種屬肉體、支配的靈），它們是源自自我中心的舊我生命；我們亦向「沒有權柄」、律法之下微不足道的位份死去。我們從神內住，以祂的名命名的中心活出我們的生命。我們真正的男性素質得到復元，這是一切受造之物都等候的，這一切都與拆毀第三度障礙，及與我們真的自我（true identity）破繭而出有關，不會一夜之間而有改變。

不過，這樣的醫治是可能的，又的確發生，而且較一般人想像快得多。許多時候，和積年累月接受輔導的經歷恰好相反，有時憑着這個人放下自己意念的決心和願意學習聆聽神，只要兩、三星期就會見到這種醫治的果效。聆聽的禱告是達到剷平第三度攔阻心靈醫治的快速通道，所有人都應該練習這種禱告。可惜我們經常都如馬修或麗莎一樣，要到了一個完全無助的景況，才肯放棄再受裏面和外面所有其他雜聲的奴役，而開始傾訴及遵從這位好牧人的聲音。許多這類曾有精神崩潰或長期住院病歷的人最終成為最堅強、最有影響力的基督徒。因為他們有被過去、現在的聲音捆綁的經歷，他們要生存為人，所以就很樂意**聆聽**能賜人生命的話語。

夷平這第三度障礙之後，馬修不再為他一旦成功地與異性交往時將會發生的事恐懼。當他還是個無助的童子時，他在父親冷酷專制的手腕下受苦。當他的憤怒被惹發時，他不能正確健康地表達他的情緒，他將這種怒氣轉向自己的內心。因此，他的男性氣質不單被壓制，而且也壓抑着極深的憤怒。兩者皆不能（也不應該）單獨浮現，必須一同出現。可是憤怒以及對他自以為不能控制的性衝動，使他對異性的戀慕產生懼怕，他害怕自己裏面的東西，而且覺得他必須緊緊抑壓憤怒和性衝動，否則這些被幽禁的力量會一發不能收拾。總而言之，他害怕自己會像父親對待他的方法一樣，傷害一個不能保護自己身體的女子。

當他的醫治漸有進展，他對自己的憤怒以及長期壓制的男子氣概增加了醒覺。事實上，這兩股力量在他裏面如同衝破熱帶叢林屏障，向不設防地區橫衝直撞的一羣野象般咆哮。單單「將蓋蓋緊」並無濟於事，他發現在與神對話中陳述他的內心感受，將這一切交託給神就會得到更新變化。

學會了這樣做之後，馬修就準備向神作出他認為十分冒險的禱告——為釋放他與異性正常交往的衝動而祈禱。我願意以桑德福（Agnes Sanford）為例子，示範這種奇妙的禱告方法。她將蟄服在人裏面或被誤導的性能力想像為一種「有創造力的水流」。

我們所說的性，只是神在我們的生命裏具創造力的水流的一部分，我認為神在我們裏面的生命如同一條可能在某處堵塞的河流。無論怎樣，因為某些原因這條河泛出兩岸，流到不屬於它的地方。

因為「愛」和「性」這兩個字對有性問題的人來說，所含的情感和慾念的色彩特別濃厚。因此桑德福在她禱告中避免用這些字，她用「從神而來創造力的水流」和「耶穌基督的生命進來」代替。同一個原因她刻意客觀地，甚至如她自己所言「冷酷地」祈禱。

因此我按手在這個人身上……然後我祈求神的生命進來觀看這條河流，將它帶返原來的河裏，我非常生動地描繪這個禱告，有時我說「憑着信，現在我將這河牀挖得既深且廣，奉耶穌基督的名，我宣布從今以後這個創造的能力會流在它正確的河道裏，不會泛溢至左右兩岸。我在兩岸建築高堤，並且奉耶穌的名不准它再漫出左右，而是安靜的流在它正確的河道上。」假若這個人已經結婚，我就說「在婚姻的正常的性行為和喜樂裏找到充分的舒展。」假若這個人還未結婚，我就說「透過目前的運動、有創意的活動，頭腦感興趣的事，找到充分的發泄。將任何多餘的感受提昇、轉移；昇華及變化成為無私的愛，轉化成醫治男女老幼的神的憐憫。」[10]

桑德福雖然對神說話，但她實際上是用受害者心靈深處能夠掌握的圖畫式言語祈禱。這樣做，她的祈禱不會令他受困擾的心靈加重負擔。她深深知道：

這個人在他的意識裏沒有能力應付這個困難……理論、爭辯和捶胸都無濟於事……愈擔心這件事，事情就變得愈差。我經常告訴這個人說，不必為這件事祈禱，你根本做不到，由它去吧，事情自然會成就。

不過，祈禱的時候，當事人的心眼「看見」一幅自己得醫治的象徵性圖畫的時候，沒有經過意識層面的信心便釋放出來，他開始參與深切的禱告，沒有比這種釋放信心的禱告更好的方法。[11]

桑德福用她的手比畫出這個圖畫式的禱告，將這條方向錯誤的力量河道帶回它正確的河牀上：

這並不困難，這是個容易的禱告，稍為將它提昇一點——看，它是在那兒了，神的創造力在動，它稍為滿溢，將它帶回河道，將它提昇吧。

掌握適當的時機，為馬修和其他人作這個禱告實在重要，例如，神要先在馬修的心靈裏做其他的工作，為他這一步作準備。即使如此，我同意馬修的講法，這是一個甚為冒險的祈禱，因為依正確的次序禱告的時候，結果都達到目的（桑德福這樣說）。因此，為馬修或任何人作這個禱告時，我全心強調「透過運動使目前的景況得到充分的舒展」等一類觀點。神歡喜答允特別的禱告，祂樂意聆聽及答允為馬修所呈上的懇求。

再談無法接納自己

心靈醫治的第三度障礙裏面，存着一般人不能順利越過的，生命某一階段的自然發展。心理學家指出，由嬰兒期至成熟期，有一個牽涉到許多步驟的「社會心理發展」過程，錯過了其中一項的自然發展過程時，我們就出了問題。

對自我接納極其重要的一個過程，是**源自**青春期的自戀階段，在這個自發色慾並自我中心的階段中，一個人的注意力或多或少，都痛苦地凝聚在自己身體和自我之上；這過程一直延續至那個成長階段，在此他已經接納自己，又將眼睛和心靈注視於外在的被造世界中的事物。一個人在這一步上無論有什麼程度的失敗，都會發現自己陷於某類型、某形式的錯誤自愛表現中，不能自拔。他不能正確地愛自己，便會以錯誤的方法愛自己。那種無約束的病態內省，是其中一種彰顯這些問題最普遍的表現，充滿焦慮的內省，對性格發展的毒害就如同自瀆（若過了青春前期仍持續）和同性戀一樣——這是愛轉內向的兩個比較明顯的例子。

當然還有許許多多的自愛方式，毫不牽涉其他人。我清楚記得一個年輕的太太與丈夫造愛的時候發現丈夫的自戀癖。她對我說：「我丈夫戀慕自己的身體，我在他和我造愛時特別醒覺到這一點。雖然很難向你解釋清楚，但他沒有真的——不能夠真正的和我造愛。我見過他赤裸着身子在鏡前左顧右盼，他從其中所得到的樂趣相等於和我造愛時所得到的。他並不愛我，我只不過是他一個流露自愛時使用的器皿。」這一位丈夫委實需要我們提及的那種醫治。我後來有機會遇見他，發現他受深沉抑鬱纏繞，令他輕視自己。他需要從自戀的愛中得自由，這種愛的反面其實是對己的不接納，甚至自恨。

要寫關於同性戀的醫治其實是寫關於全人類的醫治，因為我們每一個人，都曾經陷在不同形式的自愛病態裏，不能自拔。事實上，這是始祖墮落後每個人的光景，基督不單將我們從墮落的影響中救贖出來，當我們恆常地來到祂面前，為那持續和容易困擾我們的驕傲悔改的時候，祂就繼續不斷的釋放我們。

培羅拜斯奇（Walter Trobisch）在他的小冊子 *Love Yourself* 中提到關於自我接納的重要，他既簡單又誠實地在書中闡明我認為是不斷產生正確自愛態度的兩個事實。

第一：

沒有人生出來便有愛自己的能力——這是不容置疑的事實。[12]

跟着他引用德國精神治療家格羅埃格（Dr. Guido Groeger）的說話：

愛自己是後天學到的，否則根本就不存在。一個沒有學到或學得不足夠的人，根本不能愛其他的人，或者愛他們但卻愛得不足夠，他與神的關係也是如此。[13]

第二：

坦率的說：**不愛自己的人是個自我主義者**，他一定會成為一個自我主義者，因為他不太肯定自己是誰，因此他會經常嘗試尋找自己。他會像希臘神那喀索斯（Narcissus）一樣，被自己迷住，變得自我中心。[14]

那喀索斯的故事是負面的自愛例子，他凝望水中自己的倒影而愛上自己。由於他被自己的形象深深吸引着，結果跌下水中溺斃。由這個神話產生「**自戀癖**」這個名詞；「**自我戀慕**」（auto-eroticism）是另一個希臘名詞，描寫「自我」和「愛」。

自愛若用在自我接納的正面意義上，是與自戀癖和自我戀慕完全相反，它其實是步向無私這個方向的先決條件。我們沒有擁有就不能給予，只有當我們接納自己的時候，才可以真正無私並且不受自我轄制。不過，假如我們未曾尋找到及發掘到自己是誰的話，就會不斷尋索自己。當我們只圍着自己團團轉，**自我中心**一詞實在是很切實的描寫。[15]

不能夠順利由自戀階段進展到自我接納的階段，就是我們所說心靈醫治的第三個攔阻，即是不能正確地接納和愛護自己。我用了這許多篇幅來闡釋這個事實，是因為我研究每一次的醫治時，我深深發現，無論這個人的經歷屬於哪一類同性戀行為，他們都不能接受和愛自己。研究同性戀變成研究性格在發展過程中某一部分的休止成長，實際上即是研究人的不成熟表現。這本書反覆重述都是研究身分危機的心理和精神上的層面。

與上述同樣刺激我思想的，是父親在青春期和這個階段之後的角色。這對年輕的兒女，要處理這個「社交心理發展的步驟」極為重要。[16] 一直以來，父親對他子女的肯定是不能缺少的，為他們將來與人建立信任的關係奠基。他不能在青春期的重要關頭退出。父親在場給予的愛和肯定是一道梯子（或者一個卓越的代父形象），令年輕子女在成長中踏上自我接納重要的一步，這給我留下難以磨滅的印象。這需要一個相當健康的父親，一個曾經自己走過這條路的父親。他的角色很重要，就如母親的角色，在最初幾個月的懷孕期，到孩子明白自己與她是不同個體一樣重要。孩子的生命一直需要一個心靈健全的父親和一個心靈健全母親的愛。因為心理健康和心理發展的緣故，有些階段比其他階段明顯的更為重要。

我們文化裏的一個悲劇，是愈來愈少人由青春期踏進這個階段，我們在安詳的自我接納之下是不同類型的停滯景況。這自我接納是從自私的**自我主義**和消滅自我的憎恨的兩個極端情緒的擺動中得到解放。因此我們實在是自己感情的奴隸，我們毫不安全地在自己感情的中心生活。我們繼續這樣生存，直至我們因為錯過了這個發展階段而帶來的痛苦愈來愈強烈，使我們從麻木裏甦醒，開始尋找整全的生命。許多從沒有尋找答案和醫治的人，從未由不成熟的階段跨越到成熟的地步，就這樣進入墳墓裏。要找到這個文化困局的主要原因並不困難，父親往往可能因為離婚或單單因業務或工作過於忙碌，以致沒時間與他的青春期兒女在一起。許多時候父親只求自己利益的生活方式以及不成熟的態度，使他不能給自己的兒女予以肯定。亦有可能是這個放任的社會，將子女過早從父親的監管之下釋放出來，今日我們見到的許多同性戀問題，是美國破裂家庭，以及沒有健全和肯定的父親所導致的後果。

馬修需要的另一個禱告

馬修需要的另一個特別禱告是放下自瀆的習慣。我每次為男子的同性戀情況祈禱時，總會同時為他能戒除這習慣而禱告。他的自慰習慣可能伴有幻想，因此我們要處理這個情況。

自慰通常是發育期的一個特徵；自戀階段延續，這個習慣亦會延續。有時自戀是引到同性戀生活方式的基本因素。下一個個案就會顯示得更清楚。

不過，有些事例顯示這個習慣源於嬰兒期的創傷，與嚴重的恐懼和焦慮有關——嬰兒期受到最厲害的心理傷害因素。這些例子中，充滿恐懼的自慰（不單只是情慾的）習慣因而產生。嬰兒不能從母親或自己以外的人接受到愛，就會焦慮地抓住自己的性器官。基督徒精神科醫生和深蘊心理學家萊克博士（Dr. Frank Lake）闡明嬰兒的恐懼會顯露於性器官綳緊的狀態中。他引用齊克果（Kierkegaard）的説話：恐懼增加，情慾增加，這是因為**割離（dis-related）**帶來的痛苦和恐懼。最早的割離是嬰兒與母親分離，在這分離中，嬰兒可能不能獲取安然的感覺，甚至不感到自己存在。[17]

心靈創傷的程度不同，在恐懼和焦慮是主要成因的個案中，輔導員不單要協助受害者不再受習慣捆綁，而且當潛在的焦慮和身分危機正得醫治的時候，也要協助他對自己忍耐和諒解。當他在基督裏建立自己的自我和關係時，他就得到醫治。再者，即使這個習慣是由於病態所致，真正渴望得到康復的受害者必須刻意脱離這個習慣。它經常帶來自我嫌惡和自憎的情緒，而且會一直在不良的自我形象後面折磨自己，直至他得到所需要的自由。這個習慣成為跨越心靈醫治第三個攔阻的障礙，就是正確地接納和愛自己。

這樣的受害者需要明白，這滿有恐懼的自慰循環表示出他基本上與其他人的割離，他的愛轉向內，對着自己。他也需要知道這個持續的習慣會影響他與其他人建立正常的關係，就如一種錯誤地轉向內心的愛。這些人的罪咎感雖然應該挪開，我的經驗是他們為這種錯誤的自愛方式要求饒恕，醫治就會速速來到；另一方面，他們又學習對自己忍耐的偉大美德，假如他們跌倒時或真的跌倒了，他們亦有能力寬恕自己。

「為何有這個習慣」的啟示本身就是醫治。我幫助一個年輕人，他因着不由自主的自慰行為而滿有焦慮和恐懼，以致一生充滿羞愧，不能接受自己。他出身於一個虔誠的天主教家庭，因此他的罪咎感更加強烈。年輕人的母親為他尋找幫助，成為一個祈禱小組的組長。她憑着這個身分參加了教牧關懷學校，在那裏聽到我講及一些我目睹過的神奇醫治，是與人在**出生前**所受的排斥有關的，於是她強烈地想到兒子的需要。他的確很受寵愛，不過，懷孕時期她的景況令她強烈的抗拒這個未誕生的嬰兒。她有九個孩子，懷着第七個的時候，她已經身、心疲憊，感到無能力再孕育另一個孩子。面對這些困難，她墮入憤怒和困惑的掙扎裏，可怕的孤單包圍她，這種孤單是她丈夫無法進入和調解的，她嘗試以自殺解決但不遂後，家人彼此之間的關係及與神的關係卻更加親密。兒子出生時，她精神雖然疲乏，但卻能夠用愛心接納和乳養這個小兒子。

他在孩童時代及成長期間都得到特別的照顧，包括精神病方面的照顧。他母親催促他來見我時，他對母親發現懷有他的時候那重重的失望一無所知，只以為自己充滿色慾和有極強的性慾，因而令他對自己的性衝動和渴慕結婚的念頭產生恐懼。他告訴我他嘗試克服自憎和生命裏可怕的自瀆問題之後，我們一起禱告。

我們差不多即時進入一個「生產過程創傷」的醫治。出生過程裏，他被充滿恐懼的孤單所吞沒。我們似乎停留在那個記憶裏一段很長的時間，他經歷到深深的排斥，他的聲音一而再的充滿焦慮和恐懼，他描寫出生時的經歷：「我很孤單，只有我一個人。」我們邀請主進入這個可怖的孤單中，請祂將幼小的嬰孩緊抱在懷裏。我們在祂的臨在裏等候，直到這個年輕人得到醫治。這場仗贏了，他感到焦慮和孤單時不再需要抓着生殖器。

馬修的習慣和這個年輕人一樣，並非只是童年時性遊戲或者是發育期自戀階段遺留下的後果，而是由於嬰兒期的恐懼和焦慮。對他而言，這種恐懼和焦慮與生俱來，是親愛的關係被分離的痛苦所結的果——不再聯合，直至他在神和主內弟兄姊妹肯定的愛裏接納他自己，他才能在這種強迫性，滿有焦慮的習慣裏得到自由。

大多數情形下，慾念會在某處進入。[18] 除了需要為焦慮與恐懼有關的習慣祈求醫治外，馬修還需要從色慾中得到解脫的祈禱，擊退性慾的靈，就是當他需要心靈醫治時，俟機將更多慾念的捆鎖加在他身上的靈。所需要的是在為醫治禱告之前，當事人要做一個徹底的決定。馬修要選擇永遠不再容許情慾和它帶來的幻想進入他的腦子裏。

最嚴重的心理抑鬱症常常令我們驚訝，因為受害人感到做這個選擇是無比困難的事。魯益師的《夢幻巴士》(*The Great Divorce*) 有一幅令人難忘的圖畫，是關於這種掙扎的。一個鬼魅般的男子[19] 站在天堂外面，嘗試抓住一隻住在他肩頭上的紅色慾念小蜥蜴，牠一直在他耳邊細語，從不肯安靜。一個光芒四射如天使般的靈，站在他面前，邀請他選擇天堂和喜樂。紅色小蜥蜴當然反對這個決定，因此要將它除掉。天使準備**殺**它，幽靈大聲喊叫「你原先並沒有提到要殺它，我不想麻煩你做這樣激烈的事。」[20] 他決定逐步放手，但天使告訴他**那樣**的方法行不通，最後，幽靈發出尖叫，向神求救，並且容讓天使殺死小蜥蜴。

那光耀者用他深紅色的手握着那條爬蟲，扭轉牠，牠又咬又翻騰，然後折斷它的背，將它大力扔在草地上。[21]

幽靈開始變成跟天使差不多大小的金髮巨人，蜥蜴轉變成一匹有金色鬃毛和尾巴的銀白色的馬，這個意義深長的變化代表可憎的情慾小蜥蜴是本來美麗的實況的化身。色慾的習慣，連同幻象不單威脅基督徒的屬靈生活，而且亦會影響真的想像力，[22]使人看不見雄壯的金、銀色良駒。

馬修選擇喜樂，放棄情慾，透過祈禱，我們把紅蜥蜴擊退。

過去與現在

數年之後，在神慈愛的引導之下，俊朗和充滿活力的馬修又在我門前出現（這次是在另外一個州），我們住在不同的城市。我們坐在客廳 ，喝着茶再一次愉快地交談。

從以前沉默無望的景況到目前的光景，馬修走了一段漫長的路，先前的情況似乎從未發生。若不是在他的故事付印之前要他閱讀及提供意見的話，我實在不想再提醒他有關以前的事。因為他能夠愛和指引父母走在正直和滿足的路途上，他們有很大的進步和改變，他喜歡這個階段的父母。

再者，馬修從對自己作為家中的兒子，男人的自我一無所感，到現在從容平靜，因為知道自己是誰，其他人又用愛心接納他。我覺得他表面性格最明顯的一項改變是他感到自己**成長**的快樂。他經歷到**喜樂**，因為他知道在神裏面他正活出有意義的屬靈和藝術生命，因此他感受到自己有一定的地位，神呼召他進入世界，給予他世界**一席位**實在是極大的禮物，他為之不斷感到驚訝。

隨着在專業上的成功，他給予生命裏遇到的人的幫助也逐漸增加。他似乎很容易吸引和他以前經歷相同的人。他感到驚訝，他成為一道管子，醫治和他有相同問題的人，他一直以為不會得到幫助。

馬修從未有實際的「同性戀」行動，如果他不是接受了所需要的心理治療，就肯定會成為正式的同性戀人士。他的內在心態對同性戀有強烈的傾向。假如他心底的幻想最終在行為上表現出來的話，他的心靈會需要更長的時間才可以得到醫治。他對這些情形的認識比別人更清楚。「真的，神的手常在我的身上！」是他對保守他不失腳，從嬰兒期就保護他的神的滿有敬畏和感謝的讚歎！他肯定知道神如果能夠及願意醫治他，祂一樣能夠和願意醫治任何人。他也知道沒有「同性戀者」這一回事，只有那些需要從過去被棄絕、被剝奪的景況中得到醫治的人，由錯誤的自愛和從這種自愛帶出的行為得到釋放的人。與此同時，這些人需要認識在基督裏，他們有更高尚的「我」。

尋找性身分

性及性行為是人性的度向，

但它們並不足以促成具有人性的人。

亞特蘭大辛斯主教

麗莎和馬修得**醫治**的描述顯示出我們只有循着獨一無二的背景——就是全面的探索自我（identity）和人格，才可以明白性身分危機是什麼一回事。我相信前面幾章已經適當地指出和強調整全醫治和修補關係（個人與神、與人、與自己及與內心深處的存在）的真理。我選擇麗莎和馬修的故事，因為這兩個人都知道**分離**帶來的極度創傷。他們的故事提供這些處境的典型例子，及對這些處境的反應；它們使婦人變成過度的女性中心，男人過度的男性中心。當他們不能控制與人親密的需要時，這個人可能**選擇**同性戀關係。這個選擇是要減輕內裏的孤單，並嘗試在人際關係裏尋索自我認同（sense of identity）。

以下簡單敍述有關性身分危機故事，主要是帶出同性戀行為裏其他常有的變化和方式。我們從主耶穌的傳道工作看到，沒有兩個醫治是相同的。因此，醫治的祈禱永遠不可以減略到只是方程式或一套套的方法。不過，為到那些害怕自己有同性戀傾向或已有同性戀行為的人祈禱時——不論是已經公開的行為抑或只是在幻想裏——我已學到辨認某些根本的問題和基本的心理需要。這些加上為他們禱告的方法，都可以列入能辨認得到的類別，這些分類會有重複，有些故事可能屬於一種或幾種的類別。

壓制的男子氣概

施坦的故事

施坦的窘境主要由於他個子細小。他為自己身材感到憤怒，他懷疑和害怕自己的性能力。這種焦慮隨着他抗拒自己的矮細身材和男性氣質而增加。他是大學四年級學生，已過了發育期，可是他還未能接納自己，也未能夠建立清晰的性別身分。像馬修一樣，當他發現自己糾纏在難以控制的同性戀幻想裏，這問題就變得很嚴重。

他見到其他男子在體育館的洗澡間淋浴時，這些不請自來的圖畫就會不斷侵襲他的思想。這些男子的圖象必然屬於運動型。施坦與馬修不同，他不欣賞別人的知識和俊朗的儀表，他只欣賞身材、體型和運動能力，和可以媲美全國最出色的運動員的人。他現在的心態覺得這些才是旺盛性能力必須有的特徵。因此，這些穿梭於施坦腦際的自發意象集中在他所欣賞的男性性器官上。我們再一次看到同性戀的衝動和吃人族要吃人的理由同出一轍——為的是要得到對方的優良特性。兩者都反映，我們想從他人身上吸收一些我們感到自己缺乏的素質的扭曲方法。

當人**主觀地沉醉**於一個突襲我們思想的自發和反覆重現的心理形象時，它就成為那人生命裏持續不能克制的幻想。另一方面，當人立即將這個形象**客觀化**——即是將它視為身外事（可以這樣說）及給予分析——我們不單能發現它在心理上的含意，並且可以管轄它。無論是從未得醫治的心理湧起的一幅象徵性圖畫，抑或是從我們心靈的敵人所發出的一枚破壞性飛彈，我們都可以透過禱告分辨而因此將它完全消除。這本書的目的是指出這兩樣東西常常一起運作，我們要記着為心理因素和靈性因素祈求醫治。這樣，我們就可以分辨治療心靈的需要以及從那些壓迫和說謊的敵對能力得到保護和釋放。既是引誘者又是控訴者的撒但（《聖經．啟示錄》12：10）充分利用人的心理弱點（在施坦的身上，他沒有性的身分）。

施坦容許色慾進入他的心，他在這襲擊中敗陣。流行的同性戀宣傳策略對他有很大的影響，加上他建立不到性的身分，便開始主動地去容納而不是客觀地去管制侵蝕他思想的陽具圖象。這樣，他開放自己面對試探，最後，更容讓自己的道德和靈性墮落到一個地步——實行同性戀行為。

假如施坦在未曾墮入同性戀行為的網羅之前，得到他所需要的幫助，就可以避免極度的痛苦，因為他很快就受到嚴重的邪靈壓迫。他本來就是個非常敏感、很有操守的人，在一所以學術、藝術著名的大學中獲得很多榮譽獎。可是如今他的心不單被惡魔的幻象轄制，而且還要承受邪惡和持續不斷的精神困擾，這種困擾包含兩種元素：不斷分析自己，持續往內看，嘗試尋找他個人的真理或者現實；經常分析他過往接納為真的事。這個內在的對話，充滿非理性的詭辯，只能將概念拆開，卻永遠不能將這些碎片重新完整組合。另一個對這個情況的描寫，就是說他有嚴重的反省傾向，並且對何為真、何為假充滿懷疑，這實在極為痛苦而且重複出現。這是內省的毛病。[1]施坦這方面的情況十分嚴重。事實上他正在嚴重的精神和靈性黑暗裏掙扎，他第一次尋求透過禱告得幫助時，實在充滿恐懼。

我作第一個禱告時命令黑暗的權勢釋放他的思想，並且離開他。我在這樣的禱告中運用聖水（牧師祝禱過的水，專為此而用的），表示教會的禱告是經常與我的禱告聯合。這是我們享有權利祈求的最簡單、最快捷的禱告之一，只須要我們知道和運用基督徒有的權力。聖靈分別諸靈的恩賜在我們祈禱**之前**已經開始工作。[2]當我們能夠分辨邪靈的工作又將之遣走的時候，這個禱告就立即帶來釋放。

第二個禱告是為施坦心靈得到醫治和安寧而抹油。[3]在聖靈帶領之下，我們按着這個人的需要祈禱。不過，在類似的例子中，我會用油膏他的前額，在額上畫十字。然後我按手在他的頭上（有時或者輕按他的太陽穴），邀請主耶穌進入，醫治及安靜他的心靈。跟着我就等候，安靜的禱告，**看**祂動工。這樣禱告之後，施坦就準備好認罪和接受所需要的潔淨與饒恕。

之後，我們要處理他心理的需要，就是接納自己的矮小，接納他一向不能接受的事實——矮小身材的人仍可以擁有男子氣概。我們在馬修的例子曾經指出，最理想的是可以剛好在發育期之後，遠在這個階段之前就採取這個步驟。對他來說這是一個可怕的大躍進，他需要從一個肯和他一齊等候和聆聽主的人，對他付出敏銳的愛、智慧和肯定，直至他能夠安然跳過這些難關。

我們已經見到這是個態度上的攔阻，當我們刻意地**選擇**放棄舊有對自己不友愛的態度，將思想和心裏的幻象（這個例子是：一切舊有對自己的負面思想和形象）降服於主（《聖經・

哥林多後書》10：5）。然後，我們不是透過自己的眼睛甚或別人的眼睛，而是透過祂滿有愛心和接納的眼睛看自己。在我們裏面，灌輸了以忍耐和溫柔的美德對待自己和他人的觀念，我們亦學習如何運用它們。當我們屈膝祈禱——或者任何能夠使我們與神建立對話的方法——我們有意識的及刻意的接納自己，開始**聆聽**的工夫，感到自己的心和神的心同在。

過去一些特別令我們感到丟臉的記憶，使我們害怕聆聽神或聆聽內在的我與我的感受，因為我們懼怕這樣做的時候會有所發現。有些人怕面對有關自己的真實情況，時會發現我們最怕的事實原來是真的——我們比其他人卑鄙，或者不及我們所認識的人「正常」。因此逃避面對內裏的孤單成了我們的伎倆，一方面受到孤單的威脅，一方面又怕需要從朋友和家人身上得到滿足的親密感和友情。但那些拿出勇氣，進入這種禱告的人，他們不再害怕在祂面前觀看和承認過去不光榮的事，並面對內心深處有關自己及**他人**的感受，這些人會發覺神真是愛，他們同時亦找到自我接納的美德（從神而來的恩賜）。

對施坦來說，即使他已接受神的饒恕，他**曾墮落**到這樣一個地步的**事實**，妨礙他接納自己，因此不能達到自由和成熟的目標。除了要寬恕自己之外，他要單單抗拒罪的行為，以忍耐和恩慈對待曾經犯錯的自我（self）。施坦必須明白，他的驕傲是他做不到這一點的根源。

除非我們明白及認罪，否則的話，驕傲會攔阻我們接受我們和所有人一樣，是墮落的受造物的事實，因此我們都有罪和犯了嚴重的錯誤。這種不逮通常隱藏在我們所謂的「自卑感」之下，這種感覺通常都會牽涉到一種隱伏於內裏的驕傲。我們仍然想為自己成就得救的工夫。我們承認自己的驕傲時，就承認自己像眾人一樣，是墮落的人，容易向敗壞或美的東西屈膝。即使短暫的離開神，我們也會很容易再墮入可恥和卑鄙中。這就是對十字架的完全接納——神拯救我們的方法，越過我們以為可以透過贏取救恩便得着完美的想法，又或者以為找到一個方法可以「取消」我們過去的罪和錯失。

通常當一個人明白自由和「奇妙恩典」的偉大真理時，他就會處理自我接納這回事。往往在祈禱裏要花一些時間和舊有的態度「角力」，但正是這些角力使我們堅強。若這人在感情上對自己有特別困難和長久不健康的觀點時，他會需要更多的幫助。我的責任是和他們一齊禱告等候，溫柔地指導他們放棄負面的意念，以主自己所傳遞的正面話語和態度取而代之。有時在特別困難的事例裏，我們透過祈禱回到已經被醫治的記憶裏。不過這一次會由這個人親自與主談話，有意識地和刻意地**接納**曾經憎厭自己的自我，並留心只拒絕有害的行為。

這樣，那些極之抗拒自己的人能夠取得所需要的客觀態度，以忍耐對待自己，猶如對待其他人一般。同一時候，這是一個極具意義、正確而謙卑的功課，就是謙卑地接納悔改和已經得到饒恕的自我，因憤怒自己而產生抑鬱的施坦和與他類似的人得到釋放。這種禱告將憤怒平息、轉移和驅散。他們在主面前謙卑，就得到能力接納自己；祂將他們從幽谷拉上來，使他們生命有意義。[4]

練習神的臨在最好的訓練就是這種聆聽的禱告，當我們注目於神的時候，我們就從自我意識和內省的地獄被釋放出來和得到提升。我們成為專注於神的人。施坦下決心學習每次往內看時（練習與自己同在），就檢查自己，那一刻將他的意志和心眼（幻想）注目於主身上，「堅心倚賴你的，你必保守他十分平安」，[5]這是神一直以來的應許，又是醫治過度內省疾病的最好方法。

透過這個**聆聽的禱告**，人能對自己的過去有新的體會，我們更清楚我們獨特的弱點的成因。施坦是一個完美主義者，他開始明白他的性格正反映他父親的完美主義。與此同時，他發現在他裏面兩種基本態度模式的演變：(i) 要討人喜悅；(ii) 懼怕令母親不悅而要低聲下氣遷就母親。他覺察到自己因為要保護母親而這樣做，以及他為何要這樣做。比他年長一年的哥哥一直都很難管教，母親將這情況歸咎於他的性別，因此不斷祈求第二個孩子是個女孩。施坦出生，是個男孩，他知道母親擔心有另一個難管教的兒子。從有記憶開始，他就嘗試做一個完美的孩子。他盡力滿足母親心目中理想的好嬰孩及兒子的期望。後來為了服從她，他沒有建立一般男女朋友的關係。對施坦來説這一切都是新發現，而且是他將內省的舊習慣放下，學習聆聽禱告而得到的結果。

這些個人的處境當然沒令他準備日後將他的自我跟母親的（性或其他方面）分開。不過，這個困難中還有一個更重要的因素——他的父親雖然是個好好先生，但卻深深沉迷於自己的工作，感情上與兒子有很大的距離。施坦是個極為忠心的人，他雖然非常尊重父親，但卻不能承認對父親其實只有皮毛的認識。因此他在生命最關鍵的青春期以及緊隨着的日子中——當他極為需要父親的肯定以致能夠由自我中心的青少年期破繭而出，接納自己成熟的男性自我——施坦與父親沒有建立這不可缺少的關係。

聆聽就是服從。學習聆聽的過程，一個人的真我——男性特徵及他的一切——就顯露出來。當施坦將他的意志與基督的意志聯合，他就找到以及接納他的整個男性自我，這個自我其實一直存在、等着他。他要經歷過掙扎才成功，在這掙扎中是一個完整的蛻變過程。他像蝶蛾長出強壯、色彩鮮艷的翅膀，藉以飛翔及探索這個世界。現在他是個堅強、穩重的人，可親、滿足及擁有能與異性舒適地交往的自我。他的學業與藝術天才如花綻放，我寫這本書的時候，他享有十分出眾的成就。

我相信邪靈其中一個主要的目的，是使施坦喪失他卓越的藝術天分和才智。我們還需要提到另一個因素，一個令他的思想更易被這樣嚴重的攻擊侵害的因素——施坦完全沉醉在追求知識和藝術上的成就，以之代替對自己的接納，忽略了生命裏靈性、身體和感情的部分。當我們只發展頭腦或性格裏的某一部分而忽略其他方面發展的話，就會更容易陷入試探和怪異的衝動中。

阿澤的故事

阿澤出生於一個充滿愛和溫情的基督化家庭，不過，他的父親非常懦弱（阿澤和母親毫無異議的接納和愛他），母親的支配慾很強。阿澤還小的時候，母親喜歡將他打扮成一個小女孩，他最早的記憶是母親為他穿上一條有粉紅花邊的裙子，跟着邀請她幾位家人來欣賞他。很明顯這是母親嘗試滿足她渴慕女兒，卻生了男孩子的方法，我們可以明白當家人看見阿澤穿着花邊小裙時的矛盾心情。當時的情景和感受烙印在他心上。奇怪的是他不覺得母親在這件事上有錯，這表明他深深的愛她。我後來發現他以母親為模範，模仿**她的動作行為**，父親的模式對他毫無影響。

當阿澤第一次發現自己需要的幫助，是母親不能給予時，他已行將中學畢業。他喜歡參與學校戲劇社的表演，並且剛剛在一套講及年輕人相愛的柔情動人故事裏贏得男主角之位。可是他發現自己不單不因此而快樂，內心反而亂作一團。他不想扮演那位雄糾糾的王子。相反，他強烈盼望能夠扮演那位溫柔、美麗，被王子拯救及娶為妻子的嬌娃，這個發現對他來說是件十分可怕的事。他對自己忽然產生了恐懼。這些恐懼變得更加複雜，因為同一時間他的幾位友伴開始懷疑他是同性戀者，而且引用他的態度行為作為證據。

阿澤既然以母親為藍本，他的態度行為（走路、說話、手勢）都明顯地女性化。再者，因為這樣的模仿，以及母子之間的親密關係，他自己和母親的性身分分開的過程非常緩慢。因此，他的男性特徵沒有發展，女性特徵反倒充分發展，亦因為這樣，雖然他享受與女朋友們要好和親密的關係，他沒有其他同年齡男孩子面對的一般問題：控制和遏制性衝動。

阿澤肯定自己不是同性戀者之後，他所需要的第一件事就是要透徹明白他生命裏**究竟**發生了什麼事——例如：他以母親而不是父親為榜樣。他也需要了解，為何有這樣的事發生。惟有面對這些事之後，我們才可以為到這些令他對自己性身分混亂的記憶祈求醫治。

很奇怪，阿澤需要別人的說服才覺得有需要饒恕他母親，因她（i）渴望得一個女兒而非兒子；（ii）將他打扮成一個小女孩——他重複地申述她沒有得罪他。我要令他知道雖然他對母親全無憤怒，他需要為她對他的行為**表示不滿**，並饒恕她所做的一切。

我們開始禱告的時候，他記得的第一個回憶就是當他還是孩提時穿着粉紅色花邊裙子，被皺着眉頭的親人包圍的景象。當主在這個記憶裏運行，並他饒恕母親的時候（一直以來他是對母親的感受產生認同，忽略了不悅的親友們），他似乎第一次清楚地看到母親的行為。於是，母親待他如同女孩子的例子一個跟着一個的出現，他「看見」並處理它們。他開始明白，她如何影響他建立自己的理想形象，他一定要盡力改變這個形象，因為它忽略了他的男性特徵。要替自己刻意想像另一個理想的形象並不是簡單的事，特別是原來的形象一直得到母親的稱讚和肯定。

為母親的愛和親情感謝神也極為重要，他抗拒的**只是**她對他是男性的錯誤觀念和誤導的行為。對他來說，感謝是輕而易舉的事，因為實際上他們確有很好和充滿愛的關係。當阿澤明白她也一樣需要醫治，事情就變得更容易；她出生時，外祖父希望她是個兒子，她經歷到深切的拒絕，外祖父為她取了個男孩子的名字使問題更惡化。

我們為這些事禱告之後，我用油抹他的額頭並邀請主進入醫治的過程，將十七歲的阿澤在性方面的慾望和衝動引入正軌。我們幻想這個治療的過程並且為之感謝神。

禱告之後，我指導他要有意識地和刻意改變他的古怪行徑，並且提議他選擇一個他認為最能代表男人特性的人作模範——一個他欣賞，又是基督徒、領袖、丈夫和父親的人——他應允會這樣做。

阿澤為過去這些痛苦、矛盾的經歷得到新的亮光而感到興奮，他帶着從禱告而來的激勵離開我家。我再沒有他的消息，四、五個月之後，他再來電約見我。

他出現的時候，我驚奇於他改善了的行徑。除非我們仔細的觀察，否則很難從他的言語或動作上找到他昔日舉動的痕迹。無疑，阿澤的戲劇細胞確實幫助他在短時間內得到這樣的成就。這一次他的問題與先前的大大迥異。他不再壓抑裏面的男性素質，他的性身分與母親的分開了，他讓自己體驗正常的性衝動和這方面的釋放。他曾一度為自己的性慾和衝動苦惱，現在卻不再壓抑，顯得精力充沛。

我們有方法為這些問題禱告。我們為阿澤裏面這種創造力感謝神，並求主在他還是未婚的時候將這些過多的力量，透過運動及其他有創意的活動表達出來。

未結束阿澤的故事之前，我要指出因某人有另一個性別外表或行為而指出或譴責他／她為同性戀者的行徑所帶來的悲慘後果。像阿澤這種人，表現女性化的**因由**未清楚之前，[6]我只能描寫這種指控和譴責似乎來自超自然力量。撒但彷彿提出控訴，説服受害者相信虛假乃真實的，然後全件事來個急劇轉變成為魔鬼的圈套，令他去試驗一下同性戀行為，「看看」是否真的。就如馬修和施坦的經歷，整件事有一種強迫性的素質。

與童年創傷經歷有關的同性戀

盧珥和羅倫的故事

被同性強姦，遺留下的是沒有解決和未被治療的創傷，一個深深受傷的自我形象，可怕的罪咎感（縱非自願，卻曾參與這種行為），以後的日子，會使受害者產生恐懼，覺得自己是同性戀者，甚至會使他真的實踐同性戀生涯。這一類的事情通常發生於沒有「心理」保護的男孩子身上，盧珥的經歷說明了我這句話的意思。

盧珥的父親在他還是嬰孩的時候拋棄他，他由母親及外祖母撫養。偶而探訪他們的客人多數是母親、外祖母的同性朋友，又或一、兩位渡宿的阿姨。根本沒有男人成為他可以愛及模仿的對象，更遑論要選擇強壯或整全的男人，單只這個景況已足夠妨礙他男性素質的成長。由於心中渴想有男性的友誼，他羞怯地與一個較他年長的男人建立友誼，這段關係最終變為可怕及極度恥辱的雞姦。充滿羞辱和恐懼，盧珥將發生的事深藏心裏。

他在青春期得不到一個安全的性身分，他開始擔心自己是同性戀者。未尋找到他十分渴望的醫治之前，這個恐懼留下嚴重的傷痕，多年來影響和塑造他的生命。假如父親對他有溫情而且又在身邊的話，他被雞姦所帶來的悲苦反應可能已經得到解決和醫治，或者至低限度得到緩和及改變。事實上，有幾個原因可防止這段經歷的發生，一個保護子女的父親就能夠有力阻嚇這種罪犯。

當我們缺乏屬靈知識，撒但可以將別人做在我們身上的罪，轉而成為我們也會干犯的毛病。這些事發生以後所引來的恐懼和試探是撒但的把戲。這種未被醫治的記憶，在我們的幻想中蹂躪我們。透過它，心靈裏一扇不需要開啟的門被打開。透過這扇門，情慾嘗試入侵，當事人就被捲入屬靈的爭戰裏。

年輕的心在看到色情物品或集體自瀆的情況時，受到的驚嚇，相等於被雞姦，這樣的接觸實際上是對心靈的強姦，給以後出現的同性戀衝動開路。假如誘導這些人去接觸這類經驗的是男人的話，這種恐懼就會變得更複雜。

當然，最基本的需要是醫治這個造成心靈創傷的記憶。為這個經歷禱告時，受害人饒恕那位曾經如此可怖地冒犯他的人。這個罪的各種影響都被捆綁及扔掉，使它們再不能模塑他或為他帶來痛苦。之後，隨着聖靈的帶領，我們的主被邀請進入記憶裏作醫治和清理的工作。虛假的罪和跟着出現的真正的罪會得到處理和挪移；有時，當事人會對神口出怨言，當事人也得承認這罪。所發生的事不會被抹去，仍然存留在記憶裏，但所帶來的痛苦就不復存在。我們會想到這個經歷，但卻不再有以前所經驗的羞恥和屈辱。在這個例子裏，當我們為當事人祈禱，從邪靈的壓迫下得釋放之後（那就是，逐出任何具壓迫性的情慾的靈），我祈求曾容讓那些烙印進入想像中，並讓那些懼怕、混亂和侮辱進入心靈的那扇門**被關上來**。

盧珥的情況是這類明顯經歷中的一個不太突出的例子。比較普通的例子，是與在嬰兒期因着性別或生理缺陷而來的被拒經驗有關。

羅倫年屆四十，是個整潔、英俊的男士，從青春期開始他就有同性戀的行為，這令到父子之間有嚴重的衝突，更使他與其他家庭成員的關係失和。羅倫不接納自己的行為，但卻為維護自己的表現而與父親激烈爭執。他明白自己的同性戀行為裏面，含有很多對父親憤怒和反叛的成分，但卻從不知道如何處理這些衝突。他信了主並且真心接受主，他一直為這個長久的同性戀傾向掙扎但卻不能完全甩掉，直至神將他根深蒂固的記憶提升到意識的層面。當我們求主找出並且進入能夠顯示他的問題之因由的記憶時，[7]這禱告忽然令到他出生數分鐘後的一幕景象重現。

當記憶之幕展開之時，羅倫看見父親走進他剛出生的房間，忽然，失望籠罩着整個房間，使他如感重壓，父親以他所形容的厭惡態度說：「又是一個兒子！」講完之後，父親立即走出房間，因這已是第三個兒子，而父親一直渴望有個女兒。這一切，羅倫都「看見」了，並且重新經歷——這一次他不單在理智上，並且在心理上也明白其中意義。這個拒絕使我們明白為何羅倫在以後的日子嘗試成為家中的女兒，這種行為令全家震驚。他玩洋娃娃，與女孩子作伴，不自覺地嘗試成為父親渴求的女兒。

盧珥和羅倫尋找到他們一直渴慕的醫治，這治療帶來喜樂的釋放，使他們嘗到自由的滋味。現在他們兩人都完整地獲得自己的男性自我，而且分別有美滿愉快的婚姻生活。

出生時的創傷與抑制的男子氣概

當事人不須要重新活出一段記憶，基督可以進入和醫治出生前、出生過程及嬰兒期的創傷。在已知道的嬰兒期受創傷的事例上，父母可以按手在幼嬰孩身上禱告，知道我們的主會走進這些痛苦的記憶裏醫治他們的小嬰孩，將恐懼逐出，使幼嬰能夠接受他們的愛。作了這初步的禱告後，父母可以不時在嬰兒睡覺之時，繼續為它按手禱告，求主更深的進入，將祂的愛和光傾注在幼嬰心靈的深處。

母親可以特別祈求主幫助幼嬰能夠接受她的愛，透過母愛建立一個健康的形象。母親禱告的時候，可以將這件事在思想上描繪成充滿喜樂的信心圖畫，將這些圖畫高舉在神的光中，讓祂賜福，然後為到這件事得到成就而獻上感恩，這是她抒發信心的方法。當然，作父親的也可以用同樣的態度禱告。作為一家之主，他可深信透過他和他的禱告，能令他全家得到特別的保護。其他不必喚起記憶而得醫治的例子包括：成人為嬰兒期所受創傷祈求醫治後，經歷到內心深處的平安，和感情攔阻的解脫。

不過，當事人有時會重新經歷整個過程。這樣的事發生的時候，我們清楚看見身體和心理的痛楚嚴重到一個地步，令到在已經長大的成人裏面受傷的「幼嬰」，仍懼怕生活在母體之外，這是一個抑制真我的景況，與此同時，亦抑制了真正的男子氣概。[8]

以下是一個得醫治的例子。一位年輕的父親，在空曠的郊外完全不能駕駛，也不能乘搭飛機。他不明白自己為什麼需要拿出勇氣才可以在早上起牀，然後離家上班。他曾就這些恐懼和不安的情緒就醫，情形卻似乎每況愈下。夫妻二人對於要試用不同方法去處理他的問題感到疲乏，而且擔心這種情況會對他的謀生能力有諸多限制。

我完全不知道他的問題，可是，當我們一開始禱告的時候，他就立即進入自己的出生過程，那實在是一個痛苦難忘的經歷。禱告之前，我不知道他有這個經歷，而且也不需要知道，因為我很快就「看見」他的經歷，並且與他重度他出生時的整個痛苦過程。我們禱告的時候，他看見（不知道是什麼）一個小光圈，他立即告訴我：我出生了。我們即時都知道他所看見的光是在產道的盡頭，生產過程到此一刻都很正常。

但難產的痛苦抽筋接着出現。他的雙肩用盡力量將他的頭推向那光，跟着他感到窒息，面向下，臍帶纏着頸項，同一時間，胸口被重壓，那種痛苦難以名狀。我看見可怕的每一刻，同時在當中幫助他，彷彿他在出生。我祈求他在產道出來的時候，滿有主的慈悲和幫助，讓他從被臍帶的纏索中得到舒解和釋放，胸口的痛得到醫治和停止。胸口的痛楚帶來的記憶簡直痛不欲生，而且是停留在潛意識記憶中的一件可怕事實。

我為他出生後經歷到難以言喻的孤單感受禱告，他出生後被擱置一旁，沒有人理會，身上有強烈的痛苦，別人所有的注意力都集中在母親身上。朦朧中醫生的面孔顯得極為可怕。（我們必須留意到，他以後對這位醫生產生差不多是病態性的恐懼，雖然他不知道原因何在。再者，面對壓力的時候，他會無緣無故地感到窒息，就如重度臍帶繞頸的記憶。）

當重度痛苦的生產過程結束時，我求主用祂的愛如同氈子一樣包裹這個小嬰孩。當這一切的記憶開始得到治療，這個人經歷到神愛的環繞，他帶着初生嬰兒般的聲音放聲而泣，我對他**能夠**有這樣的哭聲感到驚奇。

這男人在出生時的折騰未得到治療之前，仍舊害怕脫離母體，因此他懼怕空曠的地方。得到醫治之後，他逐漸回復正常。一個人因這樣的生產過程帶來的不安[9]和懼怕而壓抑他的男性素質，實在顯而易見，他曾經極度懷疑自己的男性氣質，而且從未覺得能夠配得上與其他男子看齊。

出生過程帶來的損害給小嬰孩帶來的創傷，足以令他不能接受母親的愛——一個與她的關係相互矛盾的位置。從心理學角度來説，這個人比較幸運，因為他沒有退回母體之內。以致他不能接受母親的愛，以及這愛帶來的**存在**感覺。雖然他曾經歷數次精神崩潰，令他生命的大部分時間都接受精神科醫生的治療，但他所受的傷害較他本來可能受到的創傷為輕，他只不過是懼怕在母體之外活動，並且極其需要醫治嬰孩時期身體痛苦的記憶。

莊連的故事

莊連已經結婚，父親在他二十五、六歲時死了。他極需要幫助，他就在那時成為同性戀者，已經過了兩年同性戀生活。

莊連內心深處的渴望仍舊得不着滿足，婚姻又面臨危機，他嘗試掙脱他的同性戀活動；就在那時他認識耶穌並且徹底改變過來，成為信仰的熱誠見證人。

他過着虔誠及完全委身的基督徒生活，不過，信主約十年後，莊連開始崩潰。他懼怕自己的兒女會發現他曾經是個怎樣的人，他擔心妻子會離開他，最重要的，他極其懼怕失敗。除了這些恐懼之外，他的同性戀衝動再次浮現，強烈到一個地步，他的理性不能否認或抑制。他恐怕自己真的是個性變態者，他面臨精神崩潰。

就在這個崩潰狀態裏，他順應妻子關切的催促，來找我禱告。因他要以意識壓抑以前的恐懼、否定和不良的記憶，他的心靈感到極度疲乏，而且不能如常運作。莊連現在要面對他內裏的孤單，面對所有他從來不肯正視和承認的恐懼與黑暗。

莊連的遭遇很坎坷。他的父親野蠻粗暴，兄長們在家中進行同性戀行為，傷害其他幼小的弟弟。

父親從未對他微笑或講過一句慈愛的説話，這是他一生的渴求。當他的姊妹日漸長大，他知道父親對她們作出性侵犯的行為，但他卻愛莫能助。莊連亦看到父親為兄長們選擇女友，然後自己又去勾引她們。這些兒子們受到父親的殘酷對待，相繼成為罪犯，並且捲入監獄裏盛行的粗暴同性戀行為，他們回家之後就同樣的侵犯其他弟弟。作為家中的幼子，莊連自然成為這種非人性行為的最大受害者。

無怪乎莊連精神崩潰，這些記憶在他裏面侵蝕、潰爛，但卻未得治療。他的男性素質在他長大的環境裏當然受到嚴重的壓抑。

他將自己的歷史——一個從未可以完整地告訴別人的故事——告訴我之後，我們一起禱告。他雖然知道禱告是惟一的出路，開始的時候仍舊有抗拒，因為他以為祈禱只不過是理性上的練習。他又要嘗試以他的意識理解並處理整個問題，這正正就是他不能再做的事，他已經嘗試多次，而且極感疲累。我要求他完全鬆馳，只要用心靈的眼睛單單仰望耶穌，讓我祈禱。他的醫治清楚的顯示「形象化的描摹」或想像，具有難以估計的價值。這不單是「觀看」的有效途徑，而且能開啟心靈接受神要傳遞的圖象。神傳遞給我們的幫助和真理，多數是以「圖象」表達。莊連的醫治也顯示出憎恨和愛的緊密關係。

明白了他對父親的憎恨之後，我請他想像父親站在耶穌的身旁。當內心充滿憎恨時，我們很難抬頭仰望耶穌，也很難想像所憎恨的人的面孔。我們會傾向將他塗掉，將他毀滅，莊連不能抬頭想像耶穌或者他的父親。但當他將頭俯前，差不多碰在地板上，降服在主的跟前時，他開始不能控制地哭泣，他對父親根深蒂固的憎恨從內心深處湧現。他需要饒恕父親，這個饒恕的心一定要出自莊連受傷的心的幽深隱藏處。對他來說，這委實是不可能的事。即使如此，他知道自己必須走出這條死胡同，因為他不能再持續那舊有而痛苦的路徑。我向他保證，愛及饒恕一個人是**意志**的事，而不是感情的事。他的情緒很自然的反映父親在他童年時對他的虐待。

我祈求他的**意志**得以堅定，堅持要他想像父親，請他**用意志**伸出雙手握着父親的手。他慢慢地舉起手臂，頭仍然低俯，如同要握住父親的手一般，哭泣着說：「我**用意志**饒恕你，爸爸，我**用意志**饒恕你。」我請他望着父親的面孔說：「爸爸，我**真的**饒恕你。」接着的事出乎我的意料，他被壓抑的愛如狂瀾般傾流而出，莊連不住的喊叫說：「爸爸，我愛你，爸爸，我愛你，我**真的**饒恕你。耶穌，請饒恕我對父親的憎恨。耶穌，饒恕我。耶穌幫助我。」然後，他對父親說：「如果你能對我講一句仁慈的話就好了！」他一邊講，一邊慢慢地抬頭望着那一生對他表現得嚴厲和滿有敵意的面孔。我永遠不會忘記當他「看見」他爸爸面孔時的驚愕，他對我呼喊着說：「我的父親向我**微笑**！他對我微笑！」

我不能夠完全明白那似乎滿足莊連一生渴望的微笑，我毫不懷疑這種經歷的真實性，因為我見得太多這樣的事，也見到它帶來的持續果效。透過寬恕是否不單釋放了仍然活着的人，也釋放死了的人？死了的人知道他們已獲得另一個人的饒恕嗎？這些問題其實值得我們繼續思索，事實上我們也只能猜度。不過，我知道當我們奉耶穌的名醫治的時候，祂給予我們醫治的圖畫和醫治的話語。耶穌管轄那微笑。我也知道莊連在饒恕父親的禱告裏與父親建立關係；他父親在生時，他一直也不能夠建立這種關係。

你可能記得莊連是在父親死後，才開始尋找同性戀的伴侶。他心裏一直渴求得到父親的愛和肯定——那個微笑。這一切還未發生之前，父親的死使莊連裏面受傷的小男孩呼叫父親的愛，呼叫與父愛同存的男性自我。他可能希望從這些同性戀關係裏尋找父親。像馬修一樣，他的確在另一個人裏面尋找自己，他其實面對着一個嚴重的自我危機。

莊連饒恕了父親，他要為自己從恐懼和失敗中得到釋放作好準備。這種恐懼並非他心中園子裏的野草，乃是會窒息他整個內在生命根基的巨大威脅，這就是我祈禱時出現的圖畫。祈求它被挪移，就如同祈求將一棵又老又醜的樹連根拔起。我求神的愛和能力流入，使這些根鬆脱。當這樣的事發生，我看見莊連的恐懼浮現並且離開他。跟着我懇求耶穌，以祂的自由和醫治的愛，填補這些可怖的根鬚拔除後所留下的空間。我們在主面前等候，直到這個祈求得到應允，直至他的心再沒有恐懼。

正如跛子得到醫治後跳躍着和讚美着走進聖殿，[10] 莊連得到釋放後的反應簡直欣喜若狂。他曾經歷過一段很長的時間尋求主和尋求醫治，得到醫治的事實，使他興奮莫名。他的喜樂使人感到欣慰。

我們從莊連身上看見童年受同性強姦而未被醫治的創傷和痛苦；男子氣概被充滿敵意的父親和環境壓抑；強烈渴求父親的愛和自己的模糊自我，這一切都混淆不清。當他從對父親抑壓着的憎恨中釋放出來，以及神幫助他有能力饒恕父親的時候，他得到極大的醫治。

過度自戀：抑過度缺乏安全感？

偉迪的故事

偉迪是個有高度創意的年輕人，在知識和藝術上的成就，一直遠超同儕，有時甚至比導師更出色。我首次接見他，是因他開始發現自己不能與其他人分享他的生命，包括女孩子在內。他根本沒有時間與女孩周旋，她們是他對藝術探索的障礙。

真正的女人實在麻煩多多。威廉士（Charles Williams）在他的名著 *Descent into Hell* 中，震驚地描繪一個男人的墮落。他選擇愛自己而排斥那些麻煩、浪費他時間、真正有血有肉的女人。他為自己娶了個女妖（一個形容在想像中與男人交媾的女人的邪教名詞）來取代一個真的女人。實際上，這是帶着幻想進行自瀆的一種生活。當他與真正女人的關係疏離，他逐步**選擇**的幻想世界則愈變愈重要，愈有控制力，甚至對他極為冷酷時，讀者就看着他墮落下去。我們會看着他刻意的、毀滅性的步向謬誤和自我戀慕的地獄。

偉迪需要時間及幽靜的環境去發展他的藝術生命，所以他不知道該如何從裏面活出神所賦予他的藝術天分。未學習這個功課之前，他有步威廉士小説裏主角溫特沃斯（Wentworth）後塵的危險。他既年輕，又在多方面沒有經驗，而且仍舊陷於生命裏的自戀階段。有一段時期他不知如何是好，因為他的天分使他獲得同儕的賞識。他現在明白他過往是在這樣的安全環境中，帶着沾沾自喜的自滿而生活。不過，與溫特沃斯不同之處乃是，他開始看見自己的虛假驕傲，並想將之棄掉。他開始發現和面對自己內裏對他人的不屑態度，對那些不需用功而有成就的人來説，這樣的態度極為普通，但都是驕傲和不對。

他亦發現自己成為自瀆的奴隸，長久以來受它的捆綁。他曾經嘗試説服自己相信這個習慣沒有害處，他所讀過有關這方面的文章都表示自瀆無錯。可是，現在自瀆這件事和習慣成為他的困擾，不能自拔，經常盤據他的思想。要承認這個習慣轄制着他而並非由他操縱，對他的自尊實在是一個大打擊；再者，**與之同來的試探和幻想逐漸變為同性戀的引誘和幻想**。

隨着嚴重搖動他心目中理想自我形象的這些心理發展，他遇到對自尊最重的一擊。他最尊敬的導師們説他不能充分表達他的藝術才幹。他在藝術的不同領域裏都很有天分，可是他的表現卻不能充分流露他擁有的天分。導師們都很坦誠的向他講出這個令他洩氣的事實。他們評論他質素不一的作品時，會指出一件成績中等之作品說：「看，這不錯啊。但卻帶不出你裏面的天分。究竟有什麼問題？你為何不能將之表達出來？」

偉迪在自瀆方面的問題——過了青春期仍然持續的不正確的自戀——開始在多方面造成重大的傷害。他對同性戀的興趣是另一種過度的自戀，他開始在這方面憧憬並嘗試實行出來。這些行為實際上**只是自瀆習慣的延伸**，埋伏在兩種自戀的愛後面的需要。

為這類型的同性戀者祈禱的時候，浮現出的根本記憶往往是單獨或者羣體式的自瀆。這些並非只是孩童的好奇或虛假的罪咎感引致的，卻可視為情慾進入而且生根的關鍵一刻。承認了這個記憶所牽涉的罪之後，我們尋到病源，當事人就會很快得到醫治，整棵因過度自愛而不健康生長的植物，就可以連根拔起。要將這根拔起是很重要的事；然而，要得醫治，容許神的愛傾流並且滲透野草留下的縫罅和空隙，又是另外一回事。服侍的人要經常祈求人的心要接受神的愛和聖靈所帶來的醫治。在這兒我得重申：我從未試過為一位沒有自瀆問題的男同性戀者（無論個人或羣體）祈禱。同性戀和自瀆持續的時候，對性格發展都有很大的傷害。偉迪漸漸明白這兩種傾向，對他的藝術發展甚有影響。遲些我們會發現除了情慾之外，偉迪還有很多其他問題。

偉迪需要強而有力的規勸和推動他朝着「即將**死亡**」方向進發的禱告。不過，向錯誤的自戀（練習舊人的同在）死亡，是一個只有他自己才能作的選擇。作為一個輔助的人，我除了清晰地指出他要在這方面死去，還要盡力刻畫出一幅他的活潑真我能夠達到的圖畫，要祈求耶穌的臨在，以致偉迪可以仰望祂並且聽到祂說：「人若賺得全世界而失去真我，有什麼益處呢？」我們要不偏不倚的將偉迪指向耶穌，以至他可以從與神分離的地獄被提升出來，完全與神聯合和實踐他的新我。

這是呼召人活出崇高的生命，要求人徹底更新他的**意志**。因此，偉迪除了要認罪和從過度自戀的罪回轉過來——還有隨同的傲慢、自瀆和同性戀的罪——他還要做一個決定使他的**意志**和基督的意志合一，以及完全委身，以祂為主。為要幫助他達到這個地步，我要他好好的閱讀《聖經》四福音，將基督對祂的子民所講的每一句話當為對他而説，他要在祈禱冊上寫下這些經歷，視為基督親自對他講的説話。例如，要這樣念《聖經．馬太福音》 22：37：「偉迪，你要盡心、盡性、盡意愛主你的神。」偉迪要聆聽神以至能夠行出這條最大的誡命。透過這種方法，他會漸漸認識耶穌，以祂為主。

偉迪離去之後就開始練習順服，隨着順服他開始有悟性。由於這種順服是如此徹底，所以有時需要幾個月才能完全領受到門徒被呼召的意義。對偉迪來説，也是如此。但是，透過順服，他逐漸接觸到自己的內心世界，他的心思、意念完全向神敞開。因此，他整個人與神對話：他的過去、現在、他的思想生活以及他的幻想生活。這樣子，他不單接觸到而且明白他作為藝術家的障礙。不久之後，我收到他寄來的一封信，下面的片斷和繪圖表示他領悟到自瀆對個人及創意生命的影響：

「（自瀆）這個字，」他寫道，「一直在我心上……連同一幅圖畫。」

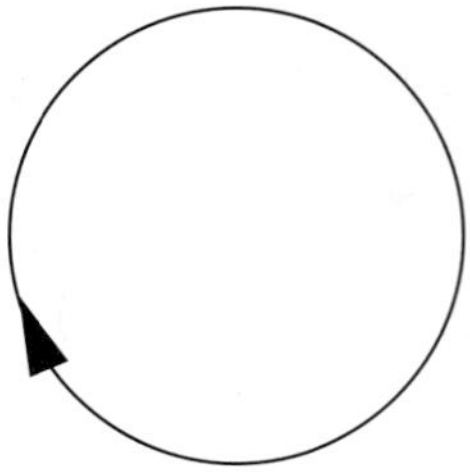

「自瀆，對身體來說，是一件自我扭曲的事情。它的焦點是內向。它不與人分享，不認識『給予』這個動詞。它是自我燃燒的火，就是這幅圖。生命被罪咎的環子包圍着。」

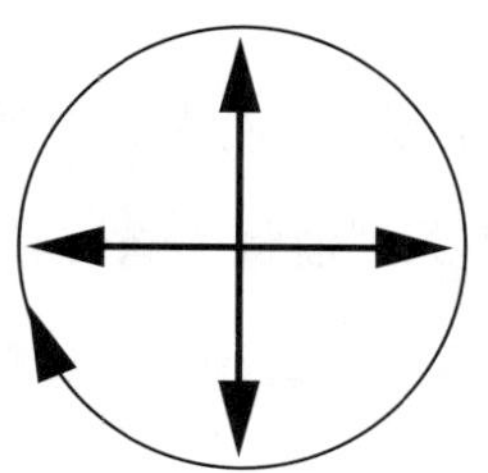

「一個抑制自由的軀殼……接踵而來是嚴重的自我排斥、肉體的孤單、缺乏自我接納的能力。」

這些描寫他個人生活的體驗，實際上是類似他作為一個藝術家的障礙。他豐富的藝術天分不能自由地、完全地與他人分享。因此他說：

「這幅圖極需要畫成這個樣子」：

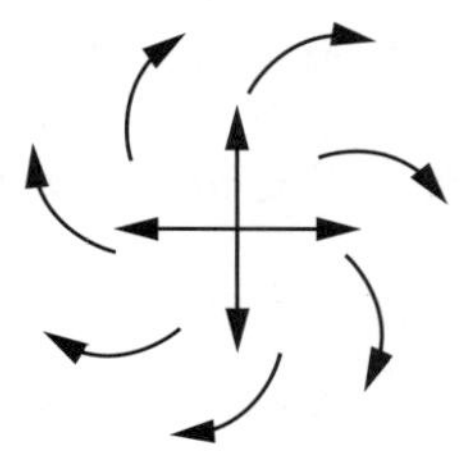

「放鬆！開放！分享！自由！（他在寫作、繪畫、演藝上的）豐富創意現在可以自由的從裏面向外湧流，不只是在裏面沸騰，不只是埋藏在內裏，而是慷慨地與他人分享。」

對於他單顧自己而抑制藝術生命的習慣，他有這樣的一番話：「我們是講到多年深深埋藏的痛苦和習慣，多年充滿欺哄的自滿。」結束的時候，他對神發出呼喊：「天父，請祢來，打碎這個外殼！」

正如魯益師回答有關自瀆習慣的原因和這習慣對「喜歡這個牢獄」的人的影響，偉迪在信中也認同這個習慣在幻想和個人生活上的後果：

對我來說，自瀆的真正壞處在於它在合理情況之下帶來一種慾念：將人從「己」裏釋放，然後在另一人生命裏去完成（並修正）他的性格（最終在他的子女甚或孫兒身上）並將之扭轉過來；這種慾念將這個人送回他自己的囹圄，在那兒守着一室的假新娘。一旦住入了這閨房便難以脫身，且難以跟一個真正的女人結合。這個女子可以隨時接近，經常卑屈順服，不需要當事人作出任何犧牲或調節，而且在情慾和心理上滿有吸引之處；真正的女人決非如此。這些影子新娘對他萬般崇敬，認為他是十全十美的情人，沒有人要求他大公無私，沒有人因他的虛榮心態而感到羞恥。最後，她們成了他日益愛慕自己的媒介。我們需要閱讀威廉士的 *Descent into Hell*，並且研究威特沃斯的性格。愛的能力不單不起作用，被迫轉向內心，而且也失去幻想的能力。我認為幻想的真正作用是：(i) 幫助我們明白其他人；(ii) 作出回應，而部分人則從事藝術創作。幻想亦有壞的一面：給予我們虛幻的狀態，替代美德、成就及優越等——這些應該在**外面**真實的世界裏尋找的東西。例如：假如我很富有而不需要賺錢和儲蓄的話，我會做什麼？自瀆牽涉到濫用性慾的幻想（對我來說是壞的），從而鼓勵在**所有**事上有同樣的放縱自瀆。歸根究底，生命差不多**最主要**的工作是從我們的自我中**走出來**，從我們出生的細小、黑暗監獄**出來**。我們要避免自瀆，如同逃避**所有**妨礙這個過程的事物，危險在於我們會**愛上**這個監牢。[11]

下墮到自我地獄（過度自戀）——無論因為愛慕某一種罪、通過邪教一途、懶惰及被動，或任何事情——都會對創意的幻想帶來傷害。

因為天堂和地獄都擠滿了對它們真正認識就會感到可怕的活物和有形的實物。人類只有伸手接觸它們，即向外接觸，才能成為完整的人。惟有透過認識他人，他才可以認識自己，可以說，透過言談，親嘗一下不屬於他、不同類型、多得難以置信的**存在**。所羅門在他的《聖經・箴言》這樣表達：「鐵磨鐵，磨出刃來；朋友相感也是如此。」[12]

透過愛神、愛人以及愛所有的生物，我們就開始分享他們的美善。注目和愛我們之外的東西，我們就開始賦予它們「生命」。這對藝術方面的成長甚為重要，對心靈和心理成長也同樣重要。內省、自愛、被主觀圈子包圍的疏離形式，並不是認識自己的途徑；與人、與客觀的現實交往才是認識自己的通道。認識神、愛神是一切喜樂的源頭，能夠衍生忘卻自我的屬天恩賜，這才是偉大藝術的祕訣。

巴候斯（Ruth Tiffany Barnhouse）對大眾認為同性戀與創意是相連的看法提出正確的抨擊。她對經常炮轟我們思想、缺乏正確學術觀點的文章和書籍有這樣的意見：

同性戀的捍衛者……不斷的從藝術作品裏推論創作者的個

人生平，冒稱他們即使不是全部也起碼擁有部分對世界有影響的創意；事實上，沒有證據支持這樣的聲稱。根據現代的心理研究顯示，量度創意和分歧思想的問卷中，異性戀者比同性戀者有更好的成就。[13]

她繼續提出警告：

認為創意和男同性戀掛鈎的意見是一般人的幻想，某些例子中甚至可能有一股自證預言的力量。一個有藝術天分的男孩子經常聽到這是同性戀傾向的表徵，就可能相信這種見解而最終會實行出來，尤其如果他成長的過程也是同樣的黯昧無知。[14]

不過，我相信有一個原因（與這個主題的錯誤學術觀點無關）令這個意念在大眾幻想中如此根深蒂固。從我見到與性有關神經官能病得到醫治的經驗裏，我相信有藝術天分的人特別容易被同性戀及其他放縱情慾的性行為引誘，這一切是有其原因的，我在 *Real Presence* 這本書說過這番話：

當直覺的能力不是隨從聖靈的工作和理性的優點發展，性慾往往同時成為藝術和宗教的、一種對神既敬畏又嚮往的**交織**

感情（**numinosum**）——於是不同種類的性偶像會隨之產生。不論是藝術或宗教，黑暗的力量總是先繫在人的生殖功能上（不論是幻想抑或實在的行為），由此將他帶入捆鎖裏。那永不能創造而只能破壞的力量會在人生命裏發動這個死亡的過程，而它發動的時間，正是神要賜他生命的那一刻。[15]

我屢屢看見這些誘惑是魔鬼剝奪人藝術天分的伎倆，它會將之腰斬或者切斷。藝術家的直覺能力是那**實在**（**the Real**）的感應器，就是感應真實的東西。他不能同時服侍那實在又服侍虛幻的贗品和替身。索忍尼辛（Aleksandr Solzhenitsyn）提醒我們，藝術家的責任是成為「勝過世界的真理之道。」[16]這**道**使藝術家（正如它使索忍尼辛）超越那個時代的心態和偏見，透過他的藝術品，將他人從中解救出來。偉大的藝術家向一個被謊言、不公義和荒涼蒙蔽的世界展示真理、公義和美麗。不斷向虛假幻夢開放的心靈，不能理解這個握着公義和美麗的真理的道。這些幻想不單帶來過度的性滿足影像，而且帶來最終將人和他的世界粉碎的謊言（虛妄）。

上面曾經提過，偉迪滯留在不正確的自戀階段就是一種錯誤的自愛。當他能夠面對每一個人生命裏的自私和驕傲時，他就看見自己的內心世界。他的心靈開始可以承認，那一生對失敗的恐懼以及極度需要的肯定。他可以開始閱讀自己生命的真實故事，不正確的自戀的另一面常是表現於某些形式的自恨中。從心理學的角度來說，過度的自戀表示性格的不成熟，它正是深深缺乏安全感的反面。

偉迪看見自己不能與他人分享生命（若你喜歡的話可說是他自私的一面——這是他問題的靈性部分，也是他自己和他人所感覺到的），實在是心理上「一個極度的缺乏——努力嘗試遮掩⋯⋯一個無情的、過度的補償，以致自我能夠生存⋯⋯」這是極度**缺乏安全感**。對於自瀆的舊習慣，他有這樣的解釋：

透過我小時不斷面對——我長大了會否正常？——的問題，我對那使我不能自禁的強迫性自瀆有更清楚的認識。那個極其不肯定的意念在我裏面留下深深不安全的感受，懼怕最終不被接納，因此我全心全意、瘋狂堅守要作王的幻象。我表現得深愛自己來哄他人喜歡我，不幸地這樣做只會驅使他們更遠離我，因此我覺得自瀆幫助我感到一切都順利⋯⋯我現在知道這就是自瀆的功用——極度需要感到一切都很好⋯⋯我不知道我能否相信在沒有深深的恐懼和焦慮下，也會有自瀆的衝動……這個需要差不多與性無關，因為它主要是嘗試使心靈得以存活……我相信根本沒有生存，只不過是希臘神話裏海妖之歌，將恐懼的心靈引進謊言的監獄，再引進那捆綁人、充滿破壞和絕望的囚室裏。

未收到這封信之前的一段日子，神聽了他的禱告並且「敲碎他的外殼」，將他帶到一個具有異常力量和成熟的地步，被他豐富的想像力和知性的天分充滿。他的成熟很快便受到患難和個人哀痛的試煉，但他在悟性和力量，以及毫不虛偽的愛和謙虛中成長，對於患難，他如此寫道：

看見這些以後，不知什麼緣故，我在這些日子，生活上缺乏肯定的日子裏更得到力量。憑着清晰的判斷，我可以自由選擇不向鄙劣的詭計屈膝——自瀆的橡皮拐杖（不可靠）。我可以預見衝動來臨，它不只是需要感到很好那麼簡單，那時我的禱告不是「主啊，停止我的性衝動。」不是！——那是正常和健康的——我這樣祈禱：「主，我需要祢極其肯定的准許，就是祢過去曾說，現在在說並且以後不斷對我說的准許」那是找到肯定的惟一來源……

我可以肯定的說祂已經釋放我，祂已將那封蔽和垂死圈套的桎梏破開。我裏面的創作力愈來愈顯明……我已經用了時間學習如何付出。

惟有知道他現在如何生活的人，才知道偉迪怎樣透徹地和奇妙地學會付出。在付出自己時，真正的偉迪就出現了，包括他的才華和一切他所擁有的。

獸性的自我

肉體的罪惡都是不好的，但卻是在所有的罪惡中，不好的成分最少的。所有最壞的快樂都是純精神上的：「害別人走錯」的快樂，支配人、傲慢、破壞性的戲謔、或背後誹謗人等等的快樂；權力和怨恨的快樂。因為在我的心中有兩件事與人類的自我（這是我必須努力追求的）互相競爭。亦即「肉慾上的自我」和「殘酷的自我」。殘酷的自我是二者中較壞的一個。此乃那些冷酷、自我稱義、而經常到教會去的偽君子要比一個娼妓更容易進地獄的理由。但是我們當然最好都不要作這兩種人。[17]

肉體生命與屬靈生命的關係……是不斷的回轉。我們不要被肉體的生命管轄，必須讓神在裏面掌管。[18]

我們討論過偉迪過度自戀（在心理學上與之相對的是極度缺乏安全感）的例子後，需要用一些時間看看其他兩個包括在同性戀行為內的題目，就是**色慾**和**反叛**。這兩種因素至終都會出現在同性戀行為裏，但在某些情況下，這些因素似乎最需要處理和醫治。一方面是獸性的自我在掌管着；另一方面是兇殘與獸性的自我共同控制大局。這些生命裏的真實故事也有和心理相對的一面，就是性格裏面的基本需要未得到滿足，透過祈禱就能夠得到醫治。

我們在小說和實際生活裏也見過與莊連父親類似的人：他們本身狠毒而且也推動他人變得兇狠殘暴。這樣的人被肉體和靈性的慾念嚴重管轄，不知道在什麼地方或者什麼緣故，獸性自我和兇殘的自我橫行無忌。

青少年接觸到毒品和酒精，就會很快將更高尚、更有意義的生命態度置諸腦後，更遑論要過警醒的心靈生活了！他們隨之變得冷漠和無法選擇美善（**意志**的行動），這不單令他們無法獲得成熟的個人和性身分，而且獸性的自我更容易佔盡優勢。它就如無法無天的暴君，在我們所處的縱容和感情文化的推波助瀾下，愈變愈暴戾，且扭曲性慾，並且可以很快和有效的將剛出現的人性的自我置諸死地。因此，在某些情況裏，我們發現問題的主要原因，是被動性的和逐漸容許獸性的自我掌管自己。〈便西拉智訓〉（Ecclesiasticus，編按：此乃次經）的作者在二十三章十六節提到這樣一個橫行無忌的內裏暴君，對身體、靈魂帶來的毀壞：

他們急切的情慾如烈火的焚燒，等到燒完了才熄滅；身犯姦淫的人如等待着火來燒他。雖然如此、他還不願意制止。

與每一個基督徒得到醫治有緊密關係的，是不斷從過度自戀裏面得到釋放。人類的共同苦難、痛苦，就是每一個生命的墮落。這是驕傲。我所寫的東西，都很配合我們每個人的經歷，因此大家都明白我所講的。假如有機會反省，我們也知道只要墮入自戀的地獄裏，獸性（亦是兇殘）的自我便開始控制大局。

如果我們學到自律的喜樂，以及隨着對真我帶來使人釋放的權力，我們就會清楚知道這是怎麼一回事。我們知道自己如何得醫治，因此對那些陷在最扭曲、最獸性行為的人有同樣處理的藥方。我這番話是向所有為他人祈禱得醫治的人說的，因為我知道人會很容易逃避生命裏的某些需要。

我仍然記得第一個來尋求幫助並且承認他與一隻野獸有性行為的人。在恐懼和戰兢中這個人終於能夠吞吞吐吐的認罪。假如我對纏繞這人、摧毀他生命的可怕衝動顯示出絲毫的震驚或恐懼，這個人就不會有翻身的日子。我只是攻擊那殺害他的黑暗力量，而使他的真我得到自由。講到強迫性衝動就是講到性格裏面被控制，或有危機被神之外某種力量掌管的部分。在這個例子裏，基督進來釋放一個曾經是荒涼和空虛的「靈魂之室」，並用自己的榮耀充滿這房子。與主聯合的人性的自我，開始運用正確的權力管理他的魂和身體，將每一種污穢的情慾置諸死地（《聖經．歌羅西書》3：5）。全人（靈、魂、體）不單止得到自由，活得豐盛燦爛，並且擁有**轉化過程（becoming）**這種令人不可思議的權利。許多年之後的今天，我在旅行時偶然見到這個人，我仍然對這個寶貝的生命所發出的美麗和能力感到驚訝。

兇殘的自我

瓦斯奈格牧師（William Vaswig）在他的書 *I Prayed, He Answered* 裏講述他兒子腓力所經歷的大能醫治。腓力被診斷患了無法治愈的精神分裂症。當桑德福為他禱告的時候，他得到醫治。腓力現在擔任重要的事奉，他不斷的覆述自己疾病的根源實在是一種深層的反叛。一個罪性的反叛可以產生各種可怕的後果。許多時候這是造成同性戀的主要原因。

舉個例，女同性戀行為裏有些例子，是與懼怕和憎恨父親或其他男人有關的。女性因不同的原因——報復是其中之一——對一個男人的憎恨普遍延伸到其他男人身上時，她開始在與其他女性的關係上摻雜了性接觸。一顆憎恨的種子在長大的過程裏長出一片充滿憎恨和反叛的荒園。如先知撒母耳告訴我們，反叛「與行邪術的罪相等。」[19] 從這一點可產生各種不同的反常行為。「主説：『伸冤在我，我必報應』」[20] 但兇殘的我要求報復。在此我看到獸性和兇殘的自我携手合作。魯益師曾説，兇殘的自我比獸性的自我更為可怖，是最壞的。

許多情況之下我留意到一個人在孩童的時候，父母沒有幫助他學習遏制獸性和兇殘的自我，長大後再學委實是困難的事。年幼的人最初是不懂管束自己；透過別人明智的管教，他才能學到自律。被怒氣、懶惰和其他有害的失調狀態蹂躪的孩子，若他有充滿愛心和智慧的父母，運用正確權力管束這些低下的情操，這孩子實在是幸福的。

如同學習用**意志**力量去選擇正確、美善的事情，孩子也學到抑制他的獸性和兇殘的自我。

當獸性和兇殘的自我長時期轄制一個人的時候，我呼喚那個人的**意志**出來，幫助他或她接觸到性格裏的這一面。我特別為從未發展或者因為從沒用過而萎縮的意志祈求醫治，我叫這些人選擇：「你今日要決定事奉誰。」「**現在**就要選擇天堂或者地獄。假如你要繼續你的生活方式，我們不會浪費時間祈禱；但假如你選擇天堂，我會幫助你走上這條路。」「現在就決定認識你的**真我**，我們今日就見證你得到釋放，走上神創造你時要你成為的人。」不是與獸性或兇殘的自我爭辯或對話，我透過這些以及許多其他方法呼召冷淡的意志作一個選擇，不單避免浪費時間（這是一個很有力的原因），同時也是向那長久以來與老我同在的意志挑戰，我的呼召不是幫助人實踐那種同在。我被召是盡我能力幫助人進到聖潔的神的面前，就是叫我們豐盛地分享祂的聖潔。

女同性戀關係

碧媞和博妮的故事

新英格蘭人碧媞喜歡探險東北部的山巒地區。即使在最美好的時光裏，她內心深處仍然感到空虛，這種活動帶給她些許安慰。碧媞已經結婚數年，但她並不真正感到快樂。雖然事業有成，但不能滿足她裏面的渴望。她感到生命深處有個深淵需要填滿，有個破口需要連結。她丈夫是個不解溫情、毫不細心的男人，她認為自己需要的愛較丈夫能付出的為多。碧媞一生都為要得到她渴求的愛，便在其他女性身上尋找，結果她與好朋友捲入同性戀的漩渦，不能自拔。她知道這樣做是錯的，因此充滿罪咎，與此同時她害怕丈夫和她在社區所服務的人士會發現這件祕密。她嘗試數次退出這個關係，只是每次都重蹈覆轍，現在她感覺到除非有外來的幫助，她沒有能力可以擺脱這個關係。碧媞已經歸向基督，而且全心渴求祂會給予她所需要的幫助。

當我問及她童年的往事，我很快就明白她完全不能了解當前的問題。父親由碧媞嬰孩時期開始至整個童年都禁止母親抱她，他深受哈佛大學的心理學家史金納（B.F. Skinner）的影響。史金納的女兒是在一個箱子內長大的。不過，他與史金納的主要的分歧，在於他只是不想自己的女兒被寵壞。

碧媞的母親其實滿有溫情和愛心，她因着丈夫的思想受了很多苦（因為這樣對待孩子與人的天性不符）。不過，她完全順服丈夫的意願，只沉默地受痛苦的煎熬。結果，碧媞童年最大的痛苦是想靠在母親懷裏，但因不能遂心頭之願而失望。我們禱告的時候，浮現出充滿哀傷的記憶，乃是她童稚時期極其渴望母親將她緊擁懷中。當這種渴望得不到滿足的時候，她就用雙臂環抱着洗衣機，緊緊的擁着它。

博妮的經歷是另一個例子。她信主不久，非常活躍地協助其他的人認識主耶穌。她是一個忙碌的妻子和母親。她的跌倒源於一個聰明、世故的婦人加入她們的查經班，並且一直以不信的身分繼續參與。這個女人是精神科醫生，博妮嘗試帶領她信主。可是她發現，自己面對壓力和焦躁時，那醫生反而成了她的安慰者。在一段特別疲乏和失落的時刻，醫生給予她過分的擁抱，不久後，博妮發覺自己和一個甚有經驗的人糾纏在同性戀的關係裏。她心裏充滿憤怒的問道：「為什麼這樣的事會發生在我身上？」她登上一架飛機，千里迢迢的尋找這個問題的答案。她也需要得到幫助，脫離這個老練婦人的操控。

博妮和碧媞同樣經歷到沒有母親擁抱的失落。博妮雖然成為一個喜樂、熱心的基督徒，早年被拒的記憶仍然使她心痛，仍然繼續塑造她的生命。她的歷史包括母親懷着她時墮胎不遂，這以前已有一次墮胎紀錄。母親在她年紀很小的時候就把這些歷史告訴她。母親公開表示對博妮入侵她的生命感到憤怒，並且因為女兒得到父親的愛而憎恨她。這些情況帶來的痛苦緊隨着博妮。當她沒有防範的時候，這個她擬帶領信主的婦人擁抱她，給她很大的安慰，彷彿母親安慰哭泣的孩子一般，博妮就融化在她的雙臂中。當這醫生繼續她的「治療」，博妮就沒有意志力去抵抗了。

我扼要敍述這兩段歷史，主要是想強調早些時候在麗莎的故事裏曾經提過的幾點。事實上碧媞、博妮和麗莎一樣。在沒有防衛的時刻，墮入同性戀圈套的人往往在嬰兒和童年期嚴重的缺乏母親雙臂的擁抱。當麗莎、碧媞、博妮容許基督進入她們心裏的孤單中，醫治過去的缺乏和不被接納的經歷，神的醫治就臨到。透過饒恕她們母親和其他一切有關的人，釋放任何她們在生命早期處境裏感到的苦毒，承認及離棄她們的罪，讓神的愛和醫治進入裏面熬人的空洞中，就是曾經一度被那些沒有母愛的虛空和痛苦的記憶折磨的地方。

嬰兒期的缺乏並非主因的事例

我曾經見過一些女同性戀行為的例子，是和女性需要由一個佔有慾和轄制慾特別強的母親掌握中得到釋放有關。有兩位女性的經歷極相似，為着強調醫治心靈這種特別的需要，我就把她們當作一人。上述兩個有十分相似經歷，但卻全無關係的美麗已婚婦人的故事極具代表性。她們明白若不走進教會，同性戀行為就不會發生（真是可怕）。我會指出她們相似之處，藉此帶出這樣的經歷為什麼會發生。

這兩個婦女信主之後，成為一羣彼此關懷的基督徒的肢體的一分子，她們得以經歷到愛和滿足的關係。對她們來說這是極為興奮的事，她們在自己所處的地域裏都能很自由和他人分享這份新發現的喜樂。再者，兩人都有很強的性格。當她們能夠自由和有意義地與他人建立關係時，她們的領袖能力就冒出頭來。可是，她們誤解愛人的意義，因此陷在同性戀關係裏。再者，兩人都不能分辨**神聖的愛（agape）**：即神醫治的愛和人性的愛：愛慕、友誼、**性愛（eros）**及情慾的愛；她們嘗試透過這些去服侍他人。至少她們嘗試幫助一個好朋友的時候，這些不同的愛混淆在一起，結果她們分別誤用和扭曲人的愛情來滿足自己和另一人的需要。

這種行為的後面是一個佔有慾和轄制慾甚強的母親，一個她們在地域上要逃離，但感情和心理上仍然緊繫着的母親。這種拉扯關係在她們嘗試平息怒氣和討好母親的事上顯明出來，事實上她們都知道這樣做是徒勞無功的。電話是威脅她們的工具，電話線可以隨時成為畸形的臍帶，將她們再次與母親的聲音和母親的意志連在一起。**可是二人仍然渴求母親的嘉許，仍然冀望贏得她的稱讚**，每人仍舊害怕母親表現憤怒和不悅，因為要忍受或者學習對抗實在是太痛苦，需要太多時間了。信主之前，她們都害怕與人建立親密友誼，因為長大時渴慕成為「**愛**」的一部分所引起的衝突仍未平息。雖然她們憎恨母親這種轄制性和吞滅性的**愛**，卻要面對一個事實——最憎恨的就是自己裏面的一部分。

我從未見過比她們更有誠意或者更着意要遵行神旨意的婦人，所以她們很快就看見自己裏面發生的事。一粒含着佔有和吞滅的愛的種子[21]（她們在母親身上經歷到的）在她們裏面生長；因為這「愛」是屬肉體甚至是屬惡魔的，所以很容易就演變成性慾了。為着要恢復健康屬靈的狀態，她們要承認從這粒種子產生的過度的愛（一種屬靈的罪）和情慾（身體的一種罪）。她們心理上需要的醫治，就是**將她們的自我（identity）和母親的自我分開**，同時要為她們能完全掙脱母親的佔有慾和轄制的捆綁祈禱，使心靈得到醫治。

這一類的情況所需要的心理治療不是一件小事。沒有醫治，這兩個婦人醒覺到可能會有重蹈覆轍的危險。事實上，經過這個醫治的經歷之後，二人均不再與其他婦女建立親密關係，因為怕再墮入陷阱。與此同時，作為基督徒，作為妻子和母親，她們因為這些恐懼，因需要了解自己的問題，冀望着釋放而受到很大的壓力。

要幫助這樣的人得醫治，我們祈求主的臨在，祈求祂的能力和愛進來，幫助我們懂得分辨，然後破碎那使人感情和靈性都繫於另一個人壓迫性的捆鎖。當然，這個問題有不同程度之分，但在某些情況裏，一個人的靈魂彷彿被母親的靈魂「附在身上」。為這樣的情況禱告就像驅魔似的，不同的只是祈求這個女兒的靈與魂，能夠從母親的轄制以及蠶食中得到釋放。其中一人對我說：「我的母親強姦了我的心志。」另一個說：「即使我和母親相隔數百里，我一直都覺得她彷彿在我周圍！」這委實是可怕的捆綁。

遇到這一類的情況，我們先要處理虛假的罪咎感；否則的話，這個婦人可能會抗拒（即使不自覺的）醫治，而且會為她與母親之間的問題責怪和控訴自己。為着永遠不能夠討好母親，永不能夠滿足母親對她的期望，不能夠「盡力愛母親」，她已習慣了模糊和無理的罪咎感。因對母親生命的空虛而產生出來的憐惜和憂愁，有時在虛假罪咎感裏變成癱瘓的感情。若想完全擺脱母親對她的心理操縱，她必須從認為自己不夠愛心、不像基督徒的恐懼裏得到釋放。歸根究底這種心理上的操縱，就是她從小到大誤以為的「愛」，必須有人告訴她，只有在她接受她的自由（自我與母親的自我完全分割）之後，她才得到肯定，可以正確地愛母親及與母親建立關係——成為一個整全、安全的人，在此之前，她裏面有一部分仍未成熟，仍然在母親的法則之下，仍然受她的操縱。當她終於得到保證，就可以準備從使她性格某些重要部分（即使不是整個人）不能成熟的主觀意念中釋放出來。

為這樣的人祈求得着釋放時，我經常要求她們用心中的眼睛看耶穌，看祂在十字架上背負她們現正掙扎的痛苦和捆鎖，以及任何在心裏不能寬恕的事或罪。當我為她們的心靈與母親的操縱斷絕的時候，我請她們向主伸出雙手，看看痛苦和黑暗流到祂那張開、被釘過的手裏。我時常在不騷擾禱告節奏的情況下柔聲的問：「你心靈的眼睛看見什麼？」當黑暗從她們裏面流出，進入主的身上時，她們所看見的實在奇妙。當聖靈引導，我也經常看到相同的「圖畫」。

我發現一個很重要的步驟：我請她們想像她們的母親。因為聖靈控制一切，大有能力的醫治就發生。她們往往有一幅非常有代表性的母親的圖畫，一幅能夠幫助她第一次客觀地觀察母親以至能寬恕她的圖畫。之後，我請她們看清楚母女之間是否仍有捆綁，她們會**看見**並且**講出**是什麼攔阻。然後我當她們手中有剪刀，請她們剪開見到的束縛。這個動作帶來的釋放實在不尋常，常常有情緒甚至身體的反應。我們見到這些束縛有時像有病的臍帶，有時像母女心靈之間的細長繩子……當它們被剪開的時候，我們看見一幀象徵性的圖畫，一幅正在進行釋放的真實的圖畫。

在一些罕有的極端例子裏，就是當心理束縛特別厲害，或者母親那一方有邪教或魔鬼的力量時，我就似乎握着一把劍——聖靈的劍，將像地獄深坑束縛的繩索切斷。有時將束縛逐一提名及切斷後，我見到他們心裏有舊捆綁留下的根，我們透過祈禱將它們拔出。祈禱的時候，我們看到神醫治的愛流入，將傷口縫合，使這個人的心靈得着康健。

當我們能夠辨識一個人的自我有需要和另一個人分開而又禱告之後，醫治的果效令人難以置信。祂臨在的能力裏，完全的釋放和自由是一定的事，帶來的喜樂有時勢不可擋。有了這些，人可以由客觀的立場處理這種關係帶來的問題，對一個從來沒有整全內心世界而容許這個立場存在的人來説，是大而可畏的事。她可以練習主的臨在，雖然看見自己單獨一人，卻被祂的愛和光包圍。

得到醫治之後，這兩個婦人可以接受從神而來的話，又能夠從世界、肉體、魔鬼的舊有控訴聲音中得到不住的釋放。

當她們從另一人的病態性的愛和意志的束縛中得到釋放，就可以自由地使自己的意志與神的意志完全合一。自由地聆聽神，自由地完全順服祂，她們就自由的**成長**。她們不再被假或真的罪咎感妨礙，得以進入成熟階段，帶着與成熟一併而來的禮物——客觀，開始不單與母親，而且與其他人的關係上經歷到自由。在她們所處的地域裏，二人分別在基督的身體裏有效地服侍他人。

壞透的輔導員

我見過同性戀關係開始時，只是一個女人「輔導」另一個女人，結果就像彼此滿足對方自憐幻象的不聖潔婚姻。當內裏的孤單和需要別人觸摸的渴求（例如一個從嬰孩期就缺乏觸摸的人），碰上另一個要塑造、指揮和「服侍上」[22] 或者想要控制和操縱別人心靈的人的話，同性戀關係就會產生。

這樣一個支配的性格，就如前面所述的婦人們一樣，但極度不同的地方乃在她拒絕任何醫治，而且不願意向神的旨意降服。她也可能將她的操縱、佔有慾和需要十分聰明的收藏起來。雖然是兩個性格中較強的一個，但她會成為同等神經質的人，只是沒有另一方對觸覺或性的需要。不過，在這個景況裏，作為「輔導員」，她遲早都會將她們的關係變成性慾，來迎合她在對方身上清楚看見的需要。

這種情況的結局對雙方或對任何不幸陷在這種交鋒關係裏的心靈來説，都是極為可怕的。孩子、丈夫和雙方家人在這些處境中都會受很多的苦。作為神的僕人，我們需要集中精神去幫助她們。這些靠着當今極端婦解的雄辯，可以滿有把握的將她們自己的罪投射在丈夫或其他似乎阻礙她們的人身上。那些不幸的家人若不能分辨、理解她們沒有理性的爭論和行為，就會以為自己神經失常，更會經常埋怨在精神和感情上的極端混亂。透過別人的禱告和服侍，這些家人可以避免陷於神經衰弱，且能繼續在這樣的景況中作為負責任的家庭成員。

我感到很希奇，因這些婦人的牧者似乎常常維護她們的行為，這實在是百上加斤，使負荷甚重的丈夫和家人難以承擔。當今的雄辯，隨同醫治能力的缺乏，削弱了一些牧者的思考能力。平信徒的迷惘更可想而知，他們理解事物時，沒有受過心理學的訓練，亦沒有神學、哲學背景協助他們，對當今世代的錯誤思想體系分辨和對抗。

父親對女同性戀行為的影響

有時（比較少），當父親對女兒的誕生感到失望時，會將她當作心目中渴想的兒子般對待。當女兒模仿父親的衣着、學他修理房子和做木工，和他在一班男人中釣魚，她就得到父親的欣賞和讚許。在這種情形之下長大的女性，會對其他女人不友善，而且態度行為表現得男性化。她很難接納女性角色，很難接受男士的追求。有時這樣的女子會和一個接納她男性化一面的男子結婚，這段婚姻可能會意想不到的成功。不過，當結果並非如此幸運，當她發現自己的孤單，只有與其他孤單婦人一起時才得到減輕，她對某些自己特別關心的女子會有性侵略的問題。如上述提過的阿澤一樣，她模仿的對象錯了。她與自己性格的一部分分開了，這天賦的女性素質從未被父親肯定過。

女人要整合她遺掉的女性特質，較男人（如阿澤的經歷）重尋和整合他遺掉的男性特質更難。可能因為不像他的姊妹，每個男人一定要將自己的性身分和母親的性身分分離，這是自然的步驟。最近我聽見有人引用一句古諺：「直至他的父親**告訴**他是男人，他才是男人。」這個道理，扼要道出父子交往的定律。但那位由出生就被父親當為男人的小女孩又怎樣呢？一般來說她毋須像她的兄弟一樣，要將自己的性身分和母親的分開，但她要面對一件不自然的工作，就是將她的性身分和父親的分開。對我來說，這就解釋了為什麼要她整合自己的女性素質如此困難，為什麼那種不自覺的抗拒如此強烈。

她生命深處不被父親接納為女兒的經歷需要得到醫治，這不是因為她是人，而是因為她是一個女人。當然，為這件事的祈禱包括饒恕那些不能接納或肯定她為女性的人，以及她或許需要的任何釋放和赦免。跟着，要直接為她心理的主要需要祈求，那就是承認和接納她的女性身分。

信心的禱告會看到這被遺棄的女性的自我，能被接納及融和在她的人格裏面，這並不是一件難事。我們已經承認了主的臨在，又透過祂的眼睛見到這人裏面那一直盼望被肯定、被呼召出來的美麗女子。這些禱告必須具體，主持的牧師被聖靈引導，為着在禱告時已經開始的整合工作獻上感謝，用言語描繪出一幅關於這個有需要的人接納她天賦的女性自我的圖畫。

靠着從主而來的大能幫助，那婦人可以開始這個**轉化**的過程，將她長久以來都否認的女性自我整合起來。這種醫治列於內在醫治第三個攔阻的標題之下：不能接納自己。我們已經看見，她必須明白惟有她才能做這個接納自己的決定。教導這樣的人學習聆聽神是極為重要的事，因為她要向神交付出過去所有對自己的態度方式，換取接受主對她作為女性的肯定。

我們對自己裏面不熟悉、疏離的部分常常感到恐懼，我們的確在未能接納這些部分之前有逃避的傾向，我們經常會對更高層次的**圓滿**自我產生恐懼；在威廉士的小說 *Descent into Hell* 中，他的女英雄寶蓮對此有精彩的描述：「在她個人的祕密生活裏有一種恐懼」，她從未想過這種恐懼可能對她有好處。從童年開始會偶然見到「自己步向自己」，她一直逃避這可怕的幻影。因此她很怕獨處，害怕只有她一個人。在這些時刻她的恐懼會出現，後來她知道這實在是「一種可怕的好處」。

一個朋友剛剛告訴我一個類比：我們裏面美善和有用的部分，往往在開始的時候看似可怕和邪惡。有一個關於伊斯蘭教蘇非派聰明老教徒的故事，他的血液循環不暢，睡覺時右肩和右臂都失去知覺，夜裏他忽然驚醒，伸出左手觸碰到身體右邊一條他以為是巨大的蟒蛇。其他的教徒聽見他大叫牀上有蛇，就點燃了燈火來到他的小室，發現他緊抓自己的右臂。對於我們所討論的婦人來説，她難以想像自己既陌生又懼怕的女性素質，就如老教徒以自己的右臂為蛇看待一般。只要我們**察看**和肯定「內裏的女性」(woman within)(雖然在她裏面癱瘓了)，我們就視之為「可怕的好處」，它的確是好的。

假設她能夠被説服「披上」她的女性素質或形象的重要，穿着完全不同及女性化的衣服，同時也刻意採取新的和女性化的行徑，接納自己是女性的過程就會加速完成。因為她想像不到自己可以是這個樣子，她需要（和阿澤一樣）刻意帶着祈禱的心情選擇一個仿效的人物。任何專業人士都可以告訴我們形象十分重要。**看起來**像銀行家的人會是個較好的銀行家，最低限度開始的時候會有幫助。一個穿着柔軟襯衣和飄逸裙子的女子，較一個穿着牛仔褲或工服的女子來得更有女性韻味。

或者我們應該從屬靈的角度來看這個原則。保羅呼召我們從內心學效基督，叫我們「穿上基督」。他清楚知道，外表的形象或裝束激勵裏面的人成長。[23] 這就是為何**練習**基督的臨在是這般有效。這個「外表」的衣着，使基督徒更醒覺到基督，比任何創造實體或物件更真實的在我們裏面和四周，與我們同在。即使在心理層面上這也是真的。能夠穿上女性自我（即使裏面感覺不到）的女子，會發現外面的行動會刺激裏面整個女性的生命在感情、直覺、知識和感官上的成長和成熟。

當然，這個婦人在這件事和任何事上可以全權選擇。我提到**說服**，意思是我熱切和喜樂地想像，我在她裏面看見而她接觸不到的女子介紹給她，與她分享這個景象。我不想她有壓力。假如為她（或為任何人）祈禱的人，不按着他工作的性質帶出真理，並指出實踐這個真理的最好方法（照他的意見），卻開始運用手段操縱這個人的話，他已經偏離了他醫治的職分。我們的主永遠不會侵犯一個人的意志，祂儘量用不同的方法，讓他們看見祂在他們生命裏見到的整全和自由——他們作為神的兒女所承受的產業。

在這個自由的範疇內，人不單對選擇有持續的責任，而且有強大權利管理自己的靈魂和身體。一位作家提到我們基督徒對自己生命的權利，也提到我們剛剛討論的原則：

神的權力揭露出對自我的權力。神聖的自我本質，常是沉默、安靜，在所有人裏面等着外在的自我引發它有所行動。兩種信息會將安靜的本質引致行動，它們就是命令和讚許。[24]

歷史上許多基督教的偉大屬靈導師，用不同的方法指出，心靈創造一個適合它使用、反映它個性的身體。我們當中大部分人都留意到一個懶散的心靈會帶出一副懶散的外表。一個接觸不到自己女性氣質而男性素質又過分發達的女子，會在她的身體，儀表上完全反映出來。我相信她發育不全的女性氣質，對生命的每一部分都會有不良的影響。

我在這一段所寫的並不是模棱兩可的例子。讓我舉個例，我是想到下面這類我曾經為之祈禱的人：這個婦人最早的回憶乃是她只穿起屠夫的衣服，站在作屠夫的父親身旁一起工作。她像男人一樣宰殺牲畜，像男人一樣替死去的牲畜去毛，像她的德裔先祖一般喝啤酒，而且如她的男性祖先一樣受家人訓練，準備將來繼承父業。她沒有兄弟可跟父親一起做這些事。雖然父親很愛她，但卻只當她為心目中一直渴望的兒子般看待。

她沒法相信她女性的自我是美麗的，而且可以和這個自我結交，對她來說，我能夠清楚看見這個事實對她並沒有什麼意義。她有美麗的藍眼睛，一縷縷金髮自然地披散在她的臉上。在男性的體型和舉動的外表之下隱藏着一個極其美麗的女子。她不能夠「穿上」她的女性特質，在這種情形之下我不會強迫她接受我的原則，只簡單的為她靈性和心理大部分能得到醫治而感謝——就是她經歷從同性戀的情慾和衝動得到釋放，及抗拒自己為女性這兩點之上。為此我可以安然休息，因知道她已「穿上」基督，而且這個最高的原則已在屬靈層面動工，開始在她所需要的心理方面作軟化、釋放的工作。我知道當她繼續忠心聆聽她的主，基督會將她的全人收進祂的完全裏面，她的身體就會開始反映這個事實——一個微妙奇異的過程。

女同性戀行為與憎恨及／或懼怕男性的關係

我們有許多例子指出女同性戀行為與懼怕或憎恨父親或其他男人有關。因為憎恨的緣故，各種的曲解事實都可以發生。不論是種族、兩性、階級、貧富、老幼之間未得到醫治的分歧常會產生憎恨，因此成為各種歪曲事實的溫牀。這種情況在現今的世代（某些情況更加用方法誘發出來）受極端婦解政治理論的影響更加惡化，不單開啟了憎恨的心，而且亦引致女同性戀的行為。

透過饒恕他人的過犯（無論如何令人髮指），放棄我們的憎恨、恐懼和反叛，我們才可以接受一顆新心這份禮物——一個已經被醫治、軟化和釋放的心。當牧者為一個心中長期對男性憎恨和懼怕的婦人祈禱時，我們會指引她在禱告過程中往上望，用她心靈的眼睛注目於耶穌身上。這與我們嘗試引出她可以饒恕的一些具意識的心靈架構相反（請參閱本章開始時莊連的故事）。

另一方面，禱告之前，先要對那具意識的理性思想工作，以致任何知識上的攔阻可以被挪開。女人，特別那些在派別和憎恨辯論夾縫中的婦女，需要不同的觀點與角度觀察事物。錯誤或不完全的思想體系需要被展示出來，但這並不是嘗試去改變或壓制任何人的思想或選擇能力。她需要一個對更高層次的遠象的表達。這個女子的心因此開放和擴大去選擇一條不單為她帶來自由的路徑，而且更給予她空間去愛。

當然，這樣禱告的時候，我們有時會召喚他們的意識和理性，為要幫助他們饒恕。譬如，在決定性的時刻，當人進到饒恕的一步，跟着大聲喊叫：「我不能夠饒恕。」我發現自己在這時會指出他們不合理性的憎恨和恐懼。假如他們不肯饒恕，這種荒謬的行為會繼續帶來毫無意義的破壞。經驗告訴我，當我召喚他們的理性之後，他們就**願意**去饒恕——毫無疑問是理性的心從內心深處得到力量而行出的奇妙作為。

這個婦人的憎恨可能由對父親或其他男性的憤怒開始，然後延及每個男人，使她與男人關係「分裂」，她將這些憎恨交給神的時候就得到釋放。這是極大的醫治。像其他人一般，她需要繼續在主的臨在裏，將舊有的病態行為模式交出，換上只有祂能建立的行為態度。以不同的方式愛所有的人，但又不成為任何人的奴隸——這就是神在我們各人身上的心意。

女同性戀行為的觸覺需要

對觸覺需要的研究將我們帶返女同性戀行為的主要範疇，就是嬰兒早期缺乏母親的愛，或者沒有能力接受母愛。有時在嬰兒期缺乏母親的愛的女子會有一種極強烈的觸覺需要，這就帶出把嬰孩擁抱在懷裏和撫摸他們的重要。這種接觸的愛缺乏或不足夠時，以後的日子就很難補償這樣的欠缺。其他人的觸摸不能夠使嬰孩滿足，即使以不同方式去補償也無濟於事。事實上，只有主醫治性的接觸才可以補足這個婦人一直想有的補償。除非這個欠缺能夠被克服，否則的話，她沒有能力去顧及其他她所關心的事。這實在可怕！在此之前她以為自己只是有感覺和性的需要。

那些極其需要觸摸感覺的人，有時會有暴食或自瀆的問題。這兩種習慣都是嘗試彌補所缺乏的觸覺，但結果一律與其他事情混淆一起（例如色慾和自憐）。這些問題會妨礙這位女士心目中最渴望的一件事：與丈夫有親密的肉體關係。

許多有這種缺乏的女性往往都有強烈被觸摸的需要，她們不會捲入女同性戀的漩渦裏。莎拉的經歷就是個好例子。她與兄弟姊妹的年歲相距很近，排行第五，母親體弱多病。莎拉的母親不單沒有體力，心理和靈性也一樣枯竭。她的心靈或她的臂彎根本沒有能力再容納多一個孩子。莎拉在這種情況下承受很多痛苦，但卻沒有像其他人一樣性化（sexualizes）自己的身分。換句話說，莎拉對觸摸的強烈需要沒有驅使她從性的角度去看自己。她只需要邀請神進入她裏面，醫治她記憶裏嬰兒時期的缺乏，並以勇氣去面對內裏的孤單。不過，有些不像莎拉的人會繼續性化她們的自我，使她們的問題變得更複雜。

觸摸的需要和性化的自我

我曾見過好幾個相同的例子：一個女子不健康的愛撫需要得不到滿足，會因為少年時的一些性問題而更形惡化。在這些際遇裏，她（雖然不是刻意）性化了自己的自我。因此她只能主要從肉慾或毫不隱藏的性景況下了解被愛的意義。我們現今所處的放任、強調性自由和性滿足的文化，使這個情況變得極為嚴重。若然她的婚姻關係真的失敗，小組工作便會在她性格裏內置了一個使她陷入女同性戀關係的基礎。

蓮娜的故事是這類型女同性戀行為的代表。除了缺乏母親的愛和撫摸外，她從幼年的時候就受到叔父的性侵犯。她長大後，對這些侵略有很矛盾的感受，因她被觸摸的需要，某程度上透過這些卑鄙、下流的處境得到滿足。她對年輕叔叔的行為感到羞恥，對自己有悖於常情和不光彩的需要感到罪咎。這些情況使她認為自己基本上是個性動物，在肉慾交往上接收和付出愛情。我想強調一點：不一定要亂倫的極端例子才會帶給一個女人這樣的影響，有時父母之間在性關係上的緊張狀態，都會突顯了這個人這方面的性格。[25]

蓮娜生命早期的日子並不好過，自憐和極端自私的傾向對她毫無幫助。她有嚴重的自瀆和暴食的習慣。隨着時間過去，她的人際關係變得十分複雜。她能夠技巧地操縱他人來達到自己的目的。

因她各樣的問題阻嚇了對她傾心的年輕人，故此她開始與女人建立深厚的友誼。她宣稱自己為「雙性」人之後，就進入一連串的同性戀戀情。這些關係成為人間地獄。我第一次為她禱告和輔導的時候，正是她的同性戀關係爆發成煩擾她的問題，而且也成為幾個家庭和教會平靜中的風浪。

她嚴重的受創，過去的不被接納和缺乏十分需要醫治；她要學習不一定要從操縱他人來減輕裏面孤單和空虛的痛苦，有其他的方法比這樣做更好。當她發現她不能操縱我的時候，我們就有一個好的開始。我要對付她的主要問題：自憐和令人反感的自我中心使她墮落到自我的地獄。我也要對付她問題後面變得很嚴重的自瀆和同性戀行為。她以一個曲解的理論作為她生活的指引，她的理據幾乎可用以下的說話說出來：「看哪！我有需要，我的需要應該得到滿足；假如我不用這個方法（自瀆和同性戀行為），便沒有其他方法！」

和這個管理她思想觀念並存的，大部分是在她潛意識的層面之下，與神與人對抗的控訴和憤怒。她炫耀每一個和她有同性戀關係的婦人為「一個真的關係，真的愛情。」不過，她需要檢視自己所有的活動，以致可以明白，實際上這一切都對她有害，而且只是為自己利益服務的。她要面對一個事實，就是她全神貫注於自己和自己的需要上，以致她沒有機會與她渴望想有的朋友或丈夫建立健康正常的關係。她一定要知道除非承認和離開這一切的罪，並且得到醫治，否則她會因嘗試讓自己的「需要」得到滿足而毀壞每一個關係。

魯益師說「愛比仁慈更嚴格、更輝煌」。若我不假思索「欣然接納」殘害她的事物，就是對她做出最沒有愛心的事了。接納一個不同處境的人是一回事，接納他們對己對人的邪惡行為又是另一回事。接納站在你面前需要得到釋放的這個**真人**是一回事，接納（用仁慈的心容忍對待）他或她情慾的老我，就是為了攔阻真實和有創意的自我呈現而穿戴上的「面孔」，又是另一回事。耶穌基督永不浪費時間，幫助一個用時間、力量和禱告，去和老我、肉體的我「練習同在」的人。祂不會與之對話，又不會以仁慈對它。祂對它惟一的關注是：「除掉它！」

練習耶穌的臨在對那位靠主的名作醫治工作的人極為重要，練習祂的臨在（在我**裏面**、外面、四周圍）時，我也祈求單單以祂的眼睛看見我所要幫助的人。經過多年，我甚相信祂是如此全心以愛和專注釋放那個真實的人，當那虛幻的老我被辨別和被認定為褫奪者，祂不會再注目在他這老我身上。反之，祂的慈愛對祂所造的**真人**發出如火焰般治療之光。

在蓮娜身上我看見真我在一層層的自我中心、自憐、肉體的舊性情中掙扎脱身。我奉耶穌的名要求真的蓮娜脱離自我的地獄而出來。這個禱告正開始成事，經過數次見面之後是適當時間為被拒和感情貧乏的舊記憶祈求醫治。現今她的生命與昔日完全不同，因為她的自我不再只有性關係；她的知識、想像和屬靈的領域不斷繼續擴展。作為神的孩子，她明白「基督徒仍要用心、用身體作工，受苦、盼望和死」。[26] 換句話説，生命經常是個掙扎，要勝利就需要英雄氣概。不過，她現在看見毫無止境的**成長**機會，又知道自己和這些機會彼此協調。現在她看見自己所有的「興趣和天賦都有一個目標」，[27] 而且都得到救贖。

有一段時間她寧願繼續透過我或另一個基督徒得到幫助，

而不願意發展她需要與神建立的垂直關係。我要極力的勉勵和教導她學習自己聆聽神，並且每天找一段與神獨處和安靜的時間。這對於真我能夠完全出來、成熟和開花是絕對必須的。這也是幫助她勝過自憐和因之而產生的自瀆及暴食習慣的殘迹。

不單蓮娜或其他忍受早期缺乏（deprivations）的人，事實上每一個人都要得到勇氣和決心面對裏面的孤單，而從那裏開始聆聽神和我們最真的自我，對那些像蓮娜、麗莎的人來說，她們更急需要這樣做。盧雲一個精彩的比喻說，我們必須將在我們內心深處「孤單的沙漠」改變為一個「獨處花園」，屬靈生命開始並且開花。「與其從我們的孤單逃跑，嘗試忘記或否定它，倒不如保護它，將它轉為一種有效的獨處」。[28] 這是實踐何謂臨在、何謂與神建立垂直的關係的重要一環。

蓮娜儘量避免面對她自己內裏的孤單，事實上她害怕孤單。懼怕和逃避孤單實際上是懼怕和逃避她的真我。她需要學習（開始時透過恆心的操練）**保護**她最害怕的東西，就是她的孤單，並且找出她的確是「將未知之美收藏起來」。[29] 在祂的臨在裏，她會在感情、知識和屬靈上成長。我的責任是堅持以及引導她步入這個靈命的操練裏。

從記憶庫中挪走醜陋的圖畫

曾有同性戀經驗的已婚婦人差不多都需要這個醫治——簡單的祈禱就得着奇妙的醫治。

這樣的婦人不止一次被她的牧師或輔導員送來見我。她多數會說：「當我丈夫跟我做愛時，這些可怕的圖畫便進入我的思想裏，我就僵硬起來。當我來到耶穌面前，我知道祂饒恕我，但我實在害怕，這些圖畫破壞我和丈夫的關係。」

心靈深處既像一副電腦也不像一副電腦。它留住每一個記憶，絕不會忘記，同一時間（不像電腦）它留住的不單是事實，而是關於那些記憶的生動**圖畫**。當人成為基督徒的時候，他／她開始禱告，變得安靜，或者進入一個他會想起往日情景的景況，這些舊圖畫就嘗試冒出。基督徒想「這不可能的！」將這些往後一推，像將廢物箱的蓋急急關上。

當然，進入這個婦人腦海的這些圖畫，是關於她已離棄的同性戀活動，她現在已被赦免而且從這種活動中得到釋放，但她需要將這些被輸入她心中電腦的圖畫交給神。

我們開始禱告，我請她用心裏的眼睛注視和仰望耶穌，同時也伸出她的手接受祂要給她的東西。過了初步的祈禱之後，我請耶穌將她心裏和思想裏面每一幅不好或者可怕的圖畫帶出來。當我這樣禱告，主耶穌就這樣做了。它們一幅接一幅的出現。我請她伸手摸她的額頭，並將它們逐一從腦海中取出來，然後交給耶穌，她能夠在心靈中看到祂正伸出雙手。

這樣做不需要很長的時間，問題多數得到醫治。最後一幅圖畫出現之後，我請她留心耶穌怎樣處理這些舊圖畫。她看見主用一個她認為最有意義的方法除去這些圖畫。跟着我祈求祂的愛和光進入她裏面，充滿舊的、病態式的性活動和做愛的行為所留下的空隙。我們可以説現在她已經脱離了這些問題，她可以抵抗撒但在她心靈深處重新編製這些圖畫的能力。

我經常在記憶治療之前禱告神，**將心釋放來看見**祂所給予的圖畫，我學到先為小組這樣禱告然後才引導他們進入「幻想旅程」。不然的話，那些受壓抑的可怕及／或有色情圖畫的人會在美麗旅程中讓這些圖畫突現出來。有人怕祈禱或默想，因為當他們這樣做的時候，這些圖畫就會冒出。他們也一樣需要這個簡單的醫治。

與嬰孩時期不能建立一個適當的存在意識有關的同性戀行為

這一組別裏的自我（identity）意識是最嚴重的問題，因為當事人經歷到不同程度與**自我分離**的意識。由開始到現在我們都在講與我們分開了、不能被接納的東西：我們的男性特質、女性特質、外表、心思或其他。可是，在自我意識這一點，困難在於「我」的意識可以是極之含糊又或者根本不在。有時，因為這個困難並非常常在同性戀行為裏表現出來，當事人會將他的自我放在一件物品上或對物件產生崇拜。另一些時候，他或她會忍受一種普通人絕對不能想像的孤獨，或在精神及感情上的痛苦。當這樣的人選擇同性戀為出路來減輕這個不存在的痛苦，這實在是尋找他失去的「我」的歇斯底里式[30] 的嘗試，或者將他極其脆弱的自我和存在意識放在另一個人身上。

這個極為嚴重的類別，反映出大部分心理受創傷的嬰孩，在失去了幫助他們明白自己是人的愛和關心，又或者經歷一些傷害或悲傷的處境，會令他們不能從一個有意義的層面接受母親的愛和關懷。因為他們有嚴重的需要，故此會常常帶着又長又複雜的病歷在牧師的辦公室出現。他們有時更被醫生診斷為精神分裂、歇斯底里，或精神分裂症。

一些我會在這章書內用的詞語，是由一位曾往印度宣教的英國精神科醫生兼神學家萊克醫生（Dr. Frank Lake）來的，我很感激他。作為一個深層治療的心理學家（Depth-Psychologist），他對早期的心理創損曾做過廣泛的研究。他開始的時候用藥物和催眠，帶出嚴重的同性戀病人的早年經歷。他的研究結果，符合且在科學上肯定我們在記憶治療的禱告中得到的結論。事實上，現在萊克醫生自己學到只透過禱告將這些記憶帶出，他不再使用催眠或藥物使他的病人重新經歷那深藏的根本性創傷。要明白這一班受同性戀之苦的人的心理和屬靈情況，以及如何從牧養角度理解這種歇斯底里的行為，我推薦他的書 *Clinical Theology* 。[31]

萊克醫生說，這實際上是分離的焦慮，它的根源在於嬰兒早期受過的一些被拒的痛苦經歷。這些經驗發生於嬰孩還未知道自己與生命來源的母親分離之時。萊克醫生說，母親眼睛發出的愛的光輝，成為嬰兒得到自我意識的臍帶，因為疾病、死亡、遭拋棄而失去與母親或代母接觸的機會，又或單單因在大壓力的時候母親沒有出現，都可以使到嬰兒不能（i）感到安樂或者（ii）有存在的感覺。後者的結局是將自己看作非存在。

身體和心理的損傷都一樣可以使到嬰孩不能與母親建立關係，因而不能在她熾熱的愛裏接受健康的自我意識。難產有時會使到嬰兒渴想退到自己裏面並回到子宮裏。在某些嚴重的情況裏，任何母體之外的物體（包括母親）都不被接受。見過像這些帶出嬰兒期記憶的例子之後，便知道**分離的焦慮**這個名詞帶給我們很大的意義。所有我從記憶治療所學到的東西，都肯定萊克醫生下面這一段説話所包含的真理：

目前不愉快的景況並不引起神經質的焦慮，和它所轉化成無端恐慌和痛苦的後果。神經衰弱帶來精神上的痛苦，其實是對長久失去各種關係的痛苦的回應。這個回應透過意識而共鳴，因為痛苦的孤獨再次臨到，這個人……神經質焦慮其實是對奇異、無端的恐慌的理性恐懼的添加物，就是在嬰孩時期被長久壓抑的分離性焦慮……埋葬了的過去將可以忍受得住的可怕一刻轉為不能忍受的焦慮。[32]

一切神經官能症的根源在於嬰兒時期經歷的精神痛苦，它們嚴重到一個不能忍受的地步，以致在意識上要和這些經歷發生的時間分開出來。這一切都壓抑在心的深處。驚恐的主要原因，可能由於生命初期要忍受分離性的焦慮。要跟「存在」的源頭——母親或代母——在視覺及感官上分離，相等於靈魂的慢性絞刑及其隨時而至的死亡。各種不同形式的神經官能包含及顯示對抗這個分離的多樣防衛行為。[33]

同性戀行為形成的防衛

同性戀行為只是這許多的防衛表現之一。萊克醫生說有兩種與分離性焦慮有關的同性戀行為：一種是與失去安寧有關，另一種比前一種更差，就是與失去**存在**的感覺有關。我覺得馬修的景況（第3章）與這種最嚴重的傷害有關，至低限度是失去安然的感覺。

萊克醫生提到無數同性戀病人重新經歷到（靠藥物發泄）嬰兒期一段痛苦難忘的日子，就是在照顧他的婦人手中過着可怖的生活，結果形成分離性的焦慮。小嬰孩被大力推過門檻，進入一種恐懼的精神分裂狀態中，基本的恐懼是把自己看作非存在。

萊克醫生所用的詞句：精神分裂的狀態、不能忍受的恐懼經歷、跌入不能建立的關係或者把自己看作不存在，其實全都意思相同。那個小男嬰在六個月之前就受這種痛苦，以致他和母親「分裂」了。無論什麼原因，他在她手中總感不到安寧，甚至自己的存在——因此他將這個可怖的驚懼和她連結在一起，這種結合普及到所有其他女人。他變得以男性為中心，因此可能會對一個男人有歇斯底里式的依戀。歇斯底里性格之人的心理動力在於他對他所尋找的東西或人有一種黏結；他／她嘗試在這人或物裏面尋找他／她的自我。

小女嬰和小男嬰的反應不同。前者受到同一傷害的時候（不能從母親或代母的愛裏取得一種幸福的感覺，或者獲得存在的意識），便會進入歇斯底里的狀態，而不是對女性產生矛盾的感受。

對小女嬰來說，隨時會失去跟母親的親屬關係而引發的歇斯底里式的反應，是女同性戀行為的根本經驗。若男孩子對母親形象有一份歇斯底里式的依戀，他可能會成功將這種不正常的依戀轉移到他妻子身上，他要在妻子身上尋找到母親的照顧及其他一切。同樣經歷的女孩子可能將她這種依賴的需要，從母親形象轉移到另一個女人身上。[34]

所有對服侍這類型人士有認識的人都同意，生命裏要背負這一切實在是沉重的擔子。「人類所知道的最大損失就是母親從嬰孩身上收回她的愛」，這種心理醫治並不是全無痛苦的，也不是想像般的容易，因為它需要面對這些人可能花了一生去逃避的心底孤單和空虛。[35]每一分的精力都花在壓抑而不是面對從這個「非存在的可怕深淵」冒昇出來的幽靈。我們可以明白，對那些不接納嬰兒早期有痛苦創傷的假設和方法的人來說，這些反應是天生的（遺傳的），因為這些人**一向**的表現似乎都是如此。這種男性中心的模式似是與生俱來。

在某一種程度來說，他們的需要很類似，只不過更顯著，因為我們都是墮落了的人：以勇氣面對內心的空虛，向那惟一能夠醫治和使我們完全的獨一真神呼喊，他們與這本書所描述的其他人得到同樣的醫治。與他們禱告並一同處理問題的那人，深深醒覺到那差不多不能想像的層面所需要的醫治。像許多其他的人一樣，這個當事人必須緊靠十字架（它所代表的一切意義），直到他能夠饒恕他生命的處境而得到基督的饒恕和醫治的**恩典**，這恩典幫助他將自己的苦難連同所有根深蒂固的烈怒和氣憤，交在被釘十字架的耶穌手中。在恩典裏，他看見基督**為何**死——為了取去他的苦痛。他看見基督不單止成為人，並且背負我們的痛苦，祂更**代替我們成為罪人**。作為神的祭牲羔羊，祂本為愛，卻**成為**使我們受傷甚深，因不能愛而有的罪。

透過禱告，我們看見祂釘在十字架上，我們藏在祂被釘的身體裏面。當屬靈的事實發生的時候，我們心靈的眼睛真的看見這件事，甚至看見我們不能達到的存在意識，懼怕掉入不存在的深淵，然後被提升到祂的存在和犧牲中。

弟兄們，我們既因耶穌的血得以坦然進入至聖所，是藉着他給我們開了一條又新又活的路。[36]

我們經過「那幔子就是他的身體」（編按：《聖經．希伯來書》10：20），向我們一直緊抓不放、病態式的愛死去，亦向因為與這最基本層面的我**不能聯合**而帶來的莫名孤單和痛苦死去。饒恕他人，饒恕生命裏所有的處境，在新生命裏我們與祂一同復活。重生後，我們在祂復活的生命裏面有了地位。十字架裏有醫治；在祂復活的身體和生命裏，可找到**自我**和**存在**。

下面是摘錄自一個受到這種最嚴重傷害的人的經歷。由於她不能夠在母親的愛裏建立存在的意識，為了減輕這種難以忍受的痛苦，她便戰戰兢兢地進行祕密的同性戀行為。她記錄這種經歷的時候，那大而可畏的醫治仍然在她心裏。

今天早上我為到除夕而感到一種深邃安靜的喜樂。我在聖餐桌前接受耶穌的身體和血。我清楚經歷祂的臨在，祂也知道我不想草草了事。當司事來到我面前的時候酒已經用盡了，我和他安靜的等候施神父再添酒祝聖。之後，我接受祂的血。祂的臨在何等真確……今晨我爬上牀時（午夜彌撒之後），我想起（二十年前）到如今我未曾在除夕守過主餐，我對祂多年來的醫治和保護感到驚訝。我安然入睡。

兩段《聖經》開始對她說話。第一段是〈哥林多後書〉5：17：「若有人在基督裏，他就是新造的人，舊事已過，都變成新的了。」第二段是 18 節：「一切都是出於神；他藉着基督使我們與他和好，又將勸人與他和好的職分賜給我們。」她寫道：「和好！何等美好的字眼來開始祂新的十年！」

人若要能欣賞一生最厲害的分離性焦慮，以及它的影響怎樣在她與基督聯合時候得到的平安和喜樂裏被吞噬，我們就必須知道，她生命裏的貧乏感情沙漠是怎樣的廣闊。

自從（那晚）你（A小姐）和我在小教堂祈禱，耶穌基督進入我生命及我身體的每個細胞之後，祂一直與我同在，我的靈愈來愈能辨識父、子、聖靈。我清楚記得你不止一次的提到我們必須練習祂的臨在。讚美神，從那次禱告至現在已經十個月，祂的真實繼續在我裏面增長。

我永遠不會忘記坐在我的研習班裏，這位面上呈現多年糾纏她的痛苦與需要的年輕女子。我也不會忘記當她經過多年的尋覓幫助，現在知道自己或者真能找到幫助時臉上流露出的驚異。隨同她的驚異是難當的痛苦，因為她實在忍受不了滿有盼望的經歷被粉碎。她向我發出一連串的問題，顯示出她在尋求完整的生命時，走過許多引到理性和神學的路徑。

你未和我祈禱之前，我祈求神不要讓我經歷高潮，因為我知道我可以跌得很深。我求神給我**深度**。昨天晚上我感謝耶穌不單答應我的禱告，而且繼續尊重那祈求……請相信我，我並非在講述毫不重要的經歷，因為我試過在痛苦中哭號，喜極而泣，走在祂的前頭及在祂後面拖着腿踽踽而行。透過祂的話，透過祈禱，透過A小姐（我感謝神，她是聖靈清楚的工作及毫不拖泥帶水的管子），透過——神父……耶穌一直堅定、溫柔及和藹的教導我。時間和精力都不容許我講述最近這八個月發生的許多事，不過，你知道神手所作的工，因此你不會感到驚奇——在我對神的敬畏驚歎裏我仍然對祂所作的張口結舌，無限的驚異（《聖經．馬太福音》19:26——「在神凡事都能」）。

結束的時候，她為目前體驗到神的愛以及在她生命裏不斷更新的經歷獻上感謝和讚美。她現在擁有的是豐盛的**生命**——就是榮耀。這是在基督耶穌裏神的兒女所承受的產業。

一個與這個嚴重的創痛有關的同性戀神父寫了一首詩給我，描述他進入基督的死，在那裏得到醫治。其中一行描述被釘者的手伸出來的意象，「將我裏面的死亡置諸死地。」我想像不到還有比這句更好的方法形容一個從未在母親懷裏獲取存在意識的人的醫治。

這是那些選擇與基督聯合又聆聽祂的人所承受的產業。是神自己為世界得醫治而策劃的聯合，這種聯合跟違反自然的同性戀性行為完全背道而馳——維護同性戀者贊同及推舉這個方法，使有同性戀慾望的人可以得到肉體的滿足。我們都見過這些慾望實際上只是「象徵性混亂」的一部分，靠着神的幫助就能夠把這混亂清除。

「我所有的傷口呼叫哈利路亞」[37]

心理治療之前（及之後），神都能夠將這樣「極嚴重類型」的傷口轉為醫治的力量。魯益師這樣説：「每一樣殘疾都隱藏着一個使命。」下面是他寫給謝爾唐（Sheldon Vanauken）的信，顯示出他對傷口或殘疾與同性戀景況的關係的理解：

對這個可怕的問題，我見得比你少，但卻比自己想像的為多。我會將你的信與那些我認為在基督教有智慧的人討論。現在只是一個臨時的報告。首先，要列出討論範圍，我肯定同性戀的**肉體**慾念是罪。這使到同性戀者不比那些無論因什麼原因而不結婚的正常人為差。第二，我們對產生這種不正常行為的原因的推測並不重要，我們不必被自己的無知煩擾。眾門徒都不知道那人為何（直接原因）生來瞎眼（《聖經 · 約翰福音》9:

1-3）——只知道最終的原因，就是在他身上要顯出神的作為。如同其他任何的苦難一樣，這表示在同性戀裏，那些作為可以顯大：就是如果我們能找出的話，每一個殘缺都隱藏着一個使命，那能「使欠缺轉為滿有光榮的報酬」。當然，第一步是要接納任何若有殘缺而不能合法地得到滿足的欠缺。窮人要放棄他合法的歡愉，因為這樣做他會虧負自己的妻子和兒女。照樣，同性戀者要接納禁慾的生活。這只是個負面的處境。同性戀者應該怎樣過正面的生活？我希望我現在仍持有一個已去世的虔誠男同性戀者寫給我的信——我們當然不會保留那類信。他相信他的需要**可以**轉化為屬靈的增益：某一類感情上的同情和諒解，某一種社會角色不是純然可由男人或純然由女人達成的。但這一切都十分模糊——太久以前的事了。任何謙卑接納他的十字架並且將自己降服在神的帶領之下的同性戀者，或者會得到指引。我十分肯定任何逃避面對這件事的努力都是錯誤的（例：與同性別的人建立虛假或類似婚姻的聯合，**即使**這樣做不牽涉任何肉體行為）。嫉妒（另一個同性戀者向我承認）在他們當中較在我們當中更猖獗、更致命。我不以為暗地裏穿着另一個性別的衣服的輕微讓步是正確的。我期望這個病人要嘗試建立另一個性別的責任、負擔和特有的美德。我提過謙卑，因為當男同性戀者（我不知道女性是否也如此）發現你對他們並不感到可怖或輕視的那一刻，他們便很容易跑到另一個極端，開始暗示他們比正常的人優越。我希望能夠將這些講得更清楚明確。如同一切其他的苦難一樣，我所講的就是必須將同性戀向神呈上，尋求祂的引導如何使用它。[38]

有許多像魯益師描述的人因為接納「自己心理上的殘缺，正如身體殘廢的人接納自己一樣」，因而得到完全的屬靈醫治。他們將自己的手安全的放在神的手中，知道祂能夠將最可怕的苦難轉變成為充滿奧妙的美善。萊克醫生提到三個這樣的人：

在我屬靈生命的三次危機中，我極需屬靈的幫助，主要是因為有幾個明顯背着這個重擔的牧者來找我。從另一種意義來說，他們停止將它視如重擔。他們已經克服自己的限制，基督在他們生命裏背負他們和我。他們實際上是向老我死去；某些例子裏即使痛楚似乎被消除，但受苦的實際經歷則仍然存留。[39]

萊克醫生解釋說，一般醫生對這些人不能再給予任何盼望。他宣稱教會卻能提供答案和「療法」給同性戀人士。「人可以忽視許多教牧訓練的層面，但卻不能忽略他要明瞭和處理同性戀的責任。」[40]

歇斯底里的性格

對最嚴重的分離性焦慮有關的同性戀人士，兼有明顯的歇斯底里性格的人，有許多原因令我們懼怕，繼而難以進行輔導和祈禱。沒有一個醫生或初學祈禱者能夠毫無損傷的從這些經驗出來。如萊克醫生提過的牧者們，雖然許多人受過這樣的疏離，又容許基督將在他們思想和心靈深處可怕的沙漠地帶，轉化成為一個為自己和他人帶來得醫治的豐饒園子，但仍舊有其他的人深深墜入歇欺底里和分裂的景況裏。祈禱的人必須小心，不要輕易將人加上歇斯底里或分裂的標籤。因為即使精神科醫生和心理學家要加上這個標籤或要用這些名詞時，也格外小心。我們這些作醫治事工的人知道這些標記的危險。這是對問題過度認同，但對耶穌所看見這個活生生的人，認同則不足夠。不過，我覺得我需要提及歇斯底里的性格，為了使進行「記憶治療」禱告的人得到一些指導。

我們每一個人都有歇斯底里的特徵，因為我們都犯了罪，對神的國有虧負。換句話説，我們不能經常「生活、動作、存留、都在乎神」（編按：《聖經・使徒行傳》17：28），沒有單單活在祂裏面。我們反而嘗試在創造及供應者之外，依附另一個人或另一些物件上，去尋找我們的自我。歇斯底里的性格極端和異乎尋常地表現出這些特徵。一個歇斯底里性格已發展成熟的人，如果能夠坦誠的以語言表達他的感受，他可能會對輔導員講出類似這樣的話：「當我能夠獲得你注意力的時候，我存活，我存在；這一刻我的自我（identity）在你裏面存在。我在你裏面尋找我的存在，我對你有這要求。我感到自己裏面一無所有，我知道無人能夠愛我。因此，我必須如此地緊握着你——透過你的關注——假如這樣做達不到目標的話，我就會透過性的關係。我必須用各樣方法抓住你。」這種行為可以**無了期**的持續，往往會延續直至**牧者差不多觸摸到真的問題所在，就是當事人裏面嚴重的分離性焦慮和非存在的意識**。

有人曾經說過，精神科醫生水平高下的分別，在於前者能夠較早發現病人屬於歇斯底里類型而快點逃開。這並不是無聊的笑話。歇斯底里病人對幫助他們的人的要求，如同八爪魚的觸鬚一樣將人纏得緊緊，令到沒有智慧而不幸被命中的醫護人員精神崩潰。[41]

粗心大意的教牧和為人祈禱的輔導員會墮入陷阱，而且比一般醫護人員墮得更易更深。一個處理不當的歇斯底里病人，有本事對教牧人員及其他輔導員，用性或更厲害的誘惑去破壞一間教會的秩序和寧靜。幼稚和靈命不成熟的人在未知道究竟發生了什麼事的時候，就已經很快受到重創。

為記憶治療祈禱的人要緊記：歇斯底里的特徵乃是，對**洞察力**產生防衛機制，抗拒被找出真正問題，即那「非存在的深淵」。沒有比記憶治療的禱告，更快能將這個洞察力帶出。一個歇斯底里的人可能要求他祈禱，或者給予屬靈指引，而實際上他只想談話，意思是要得到他需要及渴求的注意。他會在那一味聆聽的輔導員旁邊逗留，但當對醫治禱告有恩賜的人，觸摸到他生命深處那道孤單深坑的時候，他擁有的每一種防衛作用就會披甲而出。許多（當然不是全部）這樣的人，當碰到那些最能夠將他們帶到和幫助他們面對生命核心最可怕的恐懼的人時，都會迅速逃走。

因此，我對教牧人員及所有為這些痛苦者禱告的人，有下列的建議和提醒：

1 為這樣的人祈禱時，**時間性**是十分重要的。我們照主所說的話而行——照着神的靈的帶領——而並非照着其他好心腸的人的催促。有這種創傷的人，偶然會出現在我的服務團，甚至教牧關顧訓練學院。如果在我們相晤的時間，在教學繼續進行時，他們能夠等候聖靈的探察，而洞察力開始出現的話，他們就多數已經準備好面對內心的創痛。他們開始撇棄和另一個人的歇斯底里的平面關係，並且進入整理生命的階段，與創造他們的神建立垂直的關係，即使他們以前和現在都有歇斯底里式同性戀關係的背景，在決定要面對裏面的孤單時，他們已經準備好接受醫治。

提醒：掌握適當的時機是很重要的。不要因為有人慫恿歇斯底里的人來見你，你就與他／她一個人禱告。你最終會成為他尋求所需要和渴求注意的對象，就是那近乎邪惡的聰明防衛方法。

2 **控制處境**也極為重要。輔導員必須經常佔上風。「愛比單純仁慈更偉大」。他一定要認識神嚴峻堅定的愛，而且容許這愛透過他流出。任何將人的愛與憐憫取代神的愛的做法，往往都會出師未捷身先死。再者，一個累積多年經驗的歇斯底里病者會嘗試佔據優勢，嘗試透過操縱他人而充分得到他所需要的注意，這其實是近乎邪惡的聰明。輔導員必須作好準備，寧願見到這人離他而去，自己也不會軟弱投降。這是愛的表現，為這個人將來得醫治而鋪路。任何時候，只要這人能操縱到輔導員、教牧人員，或家庭的成員，這個人便不會願意面對內心的痛楚。正如萊克醫生所言，輔導員要拒絕扮演「知己角色」，由開始就一定要對無理的要求說「不」，永遠不要向自殺的威嚇低頭，或者因為對方的感情需要而動容。

3 「歇斯底里的人抗拒對事情的了解，因此她肯定會聽錯我們所說的話，而又將內容錯誤的報道。」[42]為這種歇斯底里病者祈禱的人，特別是粗心大意的年輕牧者或其他弟兄姊妹，他們覺得有義務要接見由其他同樣輕率的人轉介而來的人，他們往往發現自己出自好心的努力和說話都被誤用、誤引，受助的人使到四周圍的人對他們的印象黑白難分、是非顛倒。這個人可能招致長老，甚至律師和法官的憤怒。對於同性戀的歇斯底里者，憤怒可能臨到一些維護同性戀團體，甚或公民自由公會的頭上。這一個例子顯示出輔導員犯了一個錯誤，就是在他的受輔導者未準備好面對真實的問題時，他已經太熟絡的接觸。

4 我們常常被請去為當事人的家人祈禱及處理他們的問題，而非去照顧當事人，大部分時間我們處理這個人的時候，他的家人就需要這種照顧。家人被他極度操縱到一個地步，竟相信自己的努力和動機都是邪惡的。他們常説：「我想我就要神經失常了。他／她使我感到對即是錯，錯即是對。我感到一片混亂，不再知道什麼是對，什麼是好。」我們要將他們從捆綁身體、精神和靈性的邪惡網羅裏釋放出來。他們像當事人一樣，雙腳被綁在最黑暗的混亂中。一般來説，他們的行為都是極度的主觀，使他們更深的被牽進混亂當中。

5 男人經常最容易被這些人愚弄。女人較男人更能憑直覺感受到這樣的人帶來的危險。男性教牧和輔導員最好留意他們妻子和教會裏面可靠及有智慧的姊妹所説的話。

6 當神引導我去輔導一個這樣的人，我邀請其他在他／她以上有屬靈權柄的人的幫助。有時是他的主教，大多數時候是他的神父或者牧師，在未見這人之前，我們一起禱告。在可能及可行的情況下，我徵求他的精神科醫生和家庭醫生的幫助，與他們一起商議。一般來説，我會先取得這個人和／或他家人的同意才這樣做。

7 當這些人與基督身體的不同肢體建立（通常是慢慢的）關係時，他們經歷到滿足的喜樂和整全的感覺。這情況以前絕不可能發生，但當醫治開始以後就可能發生，而且是有必要的。他們也需要一個人作聖靈的「流通管子」，給予屬靈指引，繼續生命裏的「治療」。

神從不撇棄這樣的受害者

能夠對任何歇斯底里病者保證，只要他們願意順服的進到主的臨在裏，他／她就會立即得到醫治，這實在是奇妙的事。我經常強調這個愉快的保證，因為他痛苦到一個地步，令他經常不能看到黑暗隧道的盡頭有醫治的亮光。能夠宣布神永不失信是何等奇妙的事。萊克醫生知道和宣布同樣奇異的真理：

持男性中心主義的男人或女人，在他／她們歇斯底里式的分裂構造裏，沒有一樣能限制神在人的靈裏面工作。反之，既然這些心靈已經歷無盡的依連以及無盡的分離，他們能從人的層面，看到基督從十字架上所橫跨的深淵有多大。[43]

耶穌是靈魂的大醫生，假如我們這些在祂裏面生活、活動和尋找到生命的人不作這樣的工，我們可以肯定的説沒有別人會做了。祂的臨在（與我們一起）包含聖靈一切醫治的恩賜。祂已經奇妙地賜給我們能力，作祂要我們作的工，甚至奉祂的名醫治。我們必須一同為這個使命努力。

第5章

《聖經》談及的身分危機

因為神本性一切的豐盛都有形有體地居住在基督裏面，你們在他裏面也得了豐盛。[1]

性格不是我們作為起步的一項資料。[2]

魯益師

我們正在**成長**為人。你並不是你將要成為的人，靠着神的恩典，我不是我將要成為的人。基督對一個笨手笨腳，或許從自己捕魚的能力，或從粗獷男子氣概建立自我（identity）的漁夫說：「你是約翰的兒子西門。」但西門承認耶穌為彌賽亞是永活神的兒子的時候，基督指出他高一等的自我：「你是彼得，是磐石。」[3]我們可以肯定彼得實在不能夠像基督一樣的看他自己——在神的權柄和愛裏完全成熟、完全行事作工，被命定要成為的人。祂對他說，正如基督對我們每一個人說，跟從我；繼續與我同在，當你選擇順從我的旨意，我就顯示你究竟是誰以及你為何而生。

西門要向那被罪掌管的老我死去，就是與老亞當聯合的自我（self），他也要向他一向以為是誰的我透徹的死去。除非他向心裏的舊我那幅圖畫以及在他肢體上惡的準則死去，否則基督的說話會不斷令他震驚：「若有人要跟從我，就當捨己，背起他的十字架來跟從我。」同樣震驚的是，他會不斷看見基督指向他仍未能看見的新彼得，而不指向他已看得見的老彼得。他會聽見主說：「人就是賺得全世界，賠上自己的生命，有什麼益處呢？」[4]

當我們第一次**立志**跟從，第一次嘗試順服，[5]神不再是一股含糊的力量，而變成一股非常個人化的力量，我們對祂的觀念改變了。然後，當祂指出我們性格的深處時，就是我們從未接觸到的美好和壞的地方，我們對自己的觀念也改變了。我們發現我們對自己的認識很膚淺。因此我們同時面對身分危機和它的醫治。當我們立志在祂裏面，祂將我們與自己裏面已分離的部分凝聚在一處。

雖然這是我們得醫治的鑰匙，這個真理似乎在同性戀者的醫治上來得最戲劇化，因為他要爭取的整全是常與個人的自我這深入的問題有關聯（正如我們曾見過的）。堅穩的性身分只是堅穩的個人自我的一部分——一個跨越人的意義的領域。

我曾經聽過一個智慧及有學問的人説：「我們要經歷很大的困難才可以對自己有認識。」他所説的確是真的。能夠認識自己就是從墮落的後果開始得到醫治，因為它牽涉到與神建立聆聽和講話的關係。在某程度來説是重新捕捉伊甸園的景況。這的確不是小事但卻是我們基督徒的產業（被疏忽的）。這是對我們最原始孤單的醫治。

魯益師曾說：「我們出生就無助。當我們開始有意識時，就發現了孤單。」[6]人生下來就孤單，我們用盡方法嘗試適應，嘗試**成為**別人會喜歡的那種人。我們渴求並且十分需要別人的肯定，因此我們妥協，戴上任何面具，或許多面具；為着能打入別人的圈子，我們不惜做自己不喜歡做的事。[7]我們向受造之物屈膝（用魯益師的比喻），嘗試在他裏面尋到自己的自我。那虛假的我慢慢不由自主地，用它堅硬易碎的外殼包圍我們，我們的孤單就持續不斷。

神的一個主要名字是**以羅興**（Elohim），《聖經》有 2701 次這樣稱呼神。Elohim 是希伯來字，表示在神人關係裏神是創造者。人——以及他的孤單——得醫治，乃是要承認他是受造物，是**被創造**的；他要往上望，不望自己，從崇拜自己到崇拜以羅興，就是時間、空間、質量，我個人的創造者。只有在這樣的崇拜中，我們的真面孔才會出現，替代舊的假面孔。只有在這個誠實和開放的關係裏，我們的真我才突圍而出，粉碎虛假老我的殼；我們舊的捆綁和衝動會隨之失去。

可是人要做神。他意志的每一個傾向都向着自我意識，逃離呼叫與他對話的神——進入神的意識裏面。因此，人不把神奉為創造者，人崇拜他自己，被造之物。同性戀行為其實只是這種基本墮落的景況中，人類所選擇的其中一條歪途。誠然，要寫有關同性戀得醫治的事，其實就是寫全人類如何得醫治。我們是墮落的人，除非我們在祂裏面找到自己，我們會不斷在受造之萬物裏面橫衝直撞，找不到出路。

使徒保羅説，不單止是猶太人或基督徒才有機會接觸《聖經》；所有人都可以透過祂所創造的東西認識和承認以羅興的存在：

神的事情，人所能知道的，原顯明在人心裏，因為神已經給他們顯明。自從造天地以來，神的永能和神性是明明可知的，雖是眼不能見，但藉着所造之物就可以曉得，叫人無可推諉。因為，他們雖然知道神，卻不當作神榮耀他，也不感謝他。他們的思念變為虛妄，無知的心就昏暗了。自稱為聰明，反成了愚拙，將不能朽壞之神的榮耀變為偶像，彷彿必朽壞的人和飛禽、走獸、昆蟲的樣式。所以，神任憑他們逞着心裏的情慾行污穢的事，以致彼此玷辱自己的身體。他們將神的真實變為虛謊，去敬拜事奉受造之物，不敬奉那造物的主；主乃是可稱頌的，直到永遠。阿們！[8]

我們敬拜受造之物，就失去自己的自我。對我來説，使徒保羅講到同性戀行為，似乎因為在這種行為裏能夠最清楚的看見身分危機。我們都會縱溺於卑下的事物，甚至要在這些事物裏找到自己的自我。

沒有律法的外邦人若順着本性行律法上的事，他們雖然沒有律法，自己就是自己的律法。這是顯出律法的功用刻在他們心裏，他們是非之心同作見證，並且他們的思念互相較量，或以為是，或以為非。就在神藉耶穌基督審判人隱秘事的日子，照着我的福音所言。[9]

使徒保羅宣布，我們無論作為猶太人或基督徒，在《聖經》的律法和福音上是否得着啟示；或者，像外邦人一樣，我們只有大自然的啟示，神都是透過祂的創造對我們説話，我們有責任承認祂是以羅興，有責任尊祂為創造者。

這樣的敬拜是我們否認那舊的、假的、具侵害性的分離的自我（self-in-separation），以及將真我釋放與神聯合的最基本方法。當我們尊神為以羅興時，我們便成為**創造者**，因為我們是照祂的形象而造，祂在我們裏面的形象因而得到滋潤和力量。要找到自己真正的自我，就是向自己最真及最高的使命開放，因為當我們照祂的形象做事時，以羅興祝福我們心靈與手所作的工。[10] 不然的話，當我們敬拜所造之物，就是自己的時候，我們就是屈從一切**無創意**和**破壞性**的行為。我們進而將裏面以羅興的形象毀損或減滅，失去作為神兒子的身分。我們不再意識到神，而是充滿自我意識。

神的另一個主要名字是**耶和華（Yahweh）**，描述祂與所造之物立約的關係。這個希伯來字在《聖經》出現了超過 6400 次。我們創造的神以羅興，三位一體的神，給墮落的人（全人類）機會可以再次與祂連結。這就是好消息、福音、基督在我們**裏面**的真理，醫治我們的分離。是道成肉身和十字架的真理，「他給我們開了一條又新又活的路，從幔子經過，這幔子就是他的（基督的）身體。」[11]

舊約和新約都是福音，是好消息。使徒保羅提醒我們：「這福音是神**從前**藉眾先知在聖經上所應許的，論到他兒子……」[12] 舊約藉着流血的祭，預表新約（就是耶和華藉祂兒子的血與我們立的約）。某程度上，我們不能明白父與子原是一位。舊約的神，耶和華、以羅興，那位信實和真實的神，滿有慈愛，藉着子進入我們的世界——為拯救我們而犧牲祂自己。這就是十字架為何是我們信仰的中心。祂是愛、和平、真理、公義、信實的神，**為我們**及**向我們**捨去自己。祂住在我們裏面。這是榮耀，是豐盛的**生命**。這就是自我。這是我們選擇或不選擇的自我。墮落的人不斷嘗試尋找其他旁門左道去求醫治，而不透過道成肉身和十字架的方法。不過，至終我們要二擇其一。我們要選擇在神裏面自我確定的天堂或者自我分離的地獄。

順服是主要鑰匙。順服神就是要聆聽祂。

第 6 章

聆聽醫治的話

他發命醫治他們，救他們脫離死亡。

《聖經．詩篇》107：20

看見那不能看見的

昨日我踏入一間教會領受主日聖餐時，我的注意力被當中擺着的一個禮盆吸引。我的眼睛即時開了，我「看見」（只一剎短暫的時間）主站在那兒，彎身對着盆裏的水。雖然我只是個來賓，我立時感到聖所裏充滿愛和禱告，知道基督奇妙的在這班敬拜者當中。在浸禮的儀式當中，有幾個人驚異的發現自己在哭泣。他們和我一樣感到主以一種獨特的方式臨在我們當中。我生命中有一段時間，曾經不知道怎樣控制在這種「看見」[1]之後的喜樂和用適當的管道表達出來。不過，現在已經不同，因為我知道無論我對祂是否有特別的領會，祂都與我同在。

許多年前當我在禱告裏求問祂之後，我開始聆聽神，祂給我的一句話，一直成為我作門徒的屬靈生命和職分上的要訣。我默想《聖經．以賽亞書》58 章，又詢問過主關於我的**禁食**，十分誠懇的渴望這個禁食是祂所喜悅的。我將祂向我心所講的話寫下來，雖然開始時似乎與禁食毫無關係：

你要整日與我同在。不要將我分配到你每天的某部分時間中。我造你，我為你死。你要與我同在如同我堅持與你同在。

沒有其他的字比**堅持**這兩個字更扣動我的心弦，只有我才知道神深厚的信實堅持與我同在。祂要求我與祂同在如同**祂堅持與我同在**。甚至到現在，我仍會為聖靈所講的這兩個字，熱淚盈眶。我在地上為客旅的年日裏，這兩個字，也會一直震盪我心魂。

禁食的主要原因是讓我們更完全的與神同在。肉體的禁食使我們平靜身體的要求，因此令它謙卑以致我們能夠聽見並且順服主對我們所講的話。這之後我們就能夠好好悔改，為他人作出所需要的代求和贖罪的禱告。

堅持這個字令我明白練習祂臨在所需要的屬靈操練，我們活在一個只相信自己眼睛的年代。對不信的人和那些不明所以然，或屬於根本不信的教會團體的基督徒來說，就如魯益師的話：「具體但無形的東西幾經艱苦才能看得見。」基督徒委實太容易以抽象的方式思想神，思想祂與他們**同在**及在他們**裏面**，思想到天使，以及在洗禮和聖餐時會發生的事情，但天使或聖靈都是肉眼看不見的。要開始「看見」那偉大隱藏的真體

（超越和內在的），就是開始練習神的臨在，這是我們惟一最重要的屬靈操練。這是神呼召我的禁食。我還未到這個地步，仍然堅持着，並且發覺我一切的喜樂以及任何的完整的感受，甚或事奉都繫於這禁食上。

神真的與我們同在的知識——我們實在可以與祂有親密的契合——這是每一個孤單、苦痛的心靈的基本需要。作為這些受苦者的牧人，我們的「工作」就是祈求：「主耶穌，請祢來。」[2]然後邀請每一位進入神醫治的臨在。當然，這明顯是那藉基督的名作工的人應有的標準，但令人驚異的乃在「輔導」的千言萬語取代了這最重要的一項。今天早上當我用禱告的心求主引導怎樣寫這一章的時候，神再一次提醒我：

要知道我是與你同在，我真真正正的住在你裏面。這是所有誠意尋找我醫治的人所渴求的知識。當牧者祈求我的臨在，邀請有需要的人進入我裏面的時候，他們就有這個真實的經歷。他們經歷到在我裏面一種永遠的愛和信實，就是他們一直渴求的實在的愛。

這樣，人不單得到醫治，而且與神聯合。他們開始**認識**

祂，這種**認識**不是「直接『關於（神）的知識』(**savior**)」，而是一種「『因相識而有的認識』(**connaitre**)」一種「『嘗嘗』祂愛的滋味」，「在恩典中我們當中最謙卑的人」就會知道。[3]

在這種關係裏，我們停止尋找祂臨在的記號，或某種感覺上的證明，乃是開始在祂裏面感到愉快。祂是我們的目標。當我們讀《聖經》、禱告、乘車、工作或玩耍的時候，我們練習祂的臨在。如果我們忘記這樣做也不要責怪自己，但要因能夠再次記起而歡喜。這樣做，我們會發覺自己的感覺不敏銳的時候，就常是祂與我們最親近的時刻。通常我們最不「感」興趣禱告的時候，就是祈禱的最好時間，因此祂用這樣的方法顯示自己，以致我們在毫無準備之下感覺得到提醒。所以，我們跨過了二十世紀不能跨越的**信仰**障礙，不再被那不能看見的絆倒。

聆聽那聽不到的

知道耶穌真是以馬內利，神與我們同在，學習操練祂的臨在，對被祂醫治及停留在得醫治的情況實在十分重要，這種臨在的操練不是一個方法，而是與有位格的神同行——在同行中常得醫治。《聖經》和我們的經驗清楚表示還有一個繼續進行的對話。因此，聆聽神是操練祂的臨在的重要一環。

在基督教的醫治事奉中，聆聽是絕對必須的。盧雲提到「聆聽是經歷牧師和受導者之間的關係，一條共同進入神安靜的愛，在那兒等候醫治的話的道路。」[4]這就是我在這本書一直和各位分享的事奉。我們被召去聆聽有創意和有醫治能力的話語，教導其他人也這樣做。

透過《聖經》聆聽神

使徒保羅寫給他所愛的年輕接班人提摩太：「這聖經能使你因信基督耶穌，有得救的智慧。」[5]我們永遠也不能完成探索神在《聖經》給我們的豐富寶藏。它們是神所默示的，這些**神聖的經文（lectio divina）**[註]分別稱為道、神的道。基督的道、真理的道以及其他形容詞，例如主的書、律法書、聖靈的劍、神的啟示。開始聆聽神的第一個原則是用我們的靈與魂，用禱告的心默想它們，將《聖經》吸收。祂的話就「住在我們裏面」，像光一般在裏面燃點，我們便向神呼叫。這是**間**

接引語'oratio'，是因神的話在我們裏面燃點，產生了與之相應的話。

《聖經》支持我們的屬靈生命，耶穌引述摩西的話強調這一點：「經上記着說：『人活着，不是單靠食物，乃是靠神口裏所出的一切話。』」[6]《聖經》給予我們真理的標準，以及我們一定要有的基礎和平衡：

> 用真理當作帶子束腰……又用平安的福音當作預備走路的鞋穿在腳上。[7]

《聖經》試驗從任何一個方向來的說話。保羅和西拉成功地將基督的死和復活的信息帶給庇哩亞的猶太人，因為那些人

LECTIO DIVINA、Oratio

LECTIO DIVINA，又稱「誦讀聖言」，是一個始自第三、四世紀的讀經祈禱方法，到十二世紀漸被人遺忘，直到近數十年又重新受到天主教注意和推廣。這讀經祈禱方法主要是以一種緩慢的、默觀的方式來誦讀《聖經》。「誦讀聖言」包含幾個層面，包括誦讀（又稱 Lectio）、默想、祈禱、默觀。Oratio 指祈禱。

資料來源：天主教聖神修院（http://www.hss.org.hk/verse/lectio.htm）

天主教方濟會思高讀經中心（http://www.ccreadbible.org/Members/Bona/For-Bible/paper/Lectio-Divina/）

研讀《聖經》，尋找這些初期信徒講話的證據：

（他們）甘心領受這道，天天查考聖經，要曉得這道是與不是。所以他們中間多有相信的，又有希臘尊貴的婦女，男子也不少。[8]

《聖經》被稱為神寫給祂子民的情書。在這些書信中祂告訴我們祂是怎樣的神——信實以及對所有信靠祂的人充滿慈愛。默想神的話就是默想祂對我們的愛，一種透過「所賜給我們的聖靈將神的愛澆灌在我們心裏」[9]，就是讓祂的話流入和充滿我們。每一個痛苦心靈另一種迫切的需要就是要知道神**竟然**愛我。當我們默想祂寫給我們的情信，使我們的意志與祂的意志合一的時候，我們就開始抓得住「基督的愛是何等長闊高深，並知道這愛是過於人所能測度的」。[10]

聆聽的禱告

如果你聽祂的話，你就會知道祂的能力。[11]

禱告的下一個步驟對我們的靈命誠然極有價值，但卻是現代禱告生活最被忽略的一環。這一步就是安靜聆聽祂聲音的禱告，聆聽祂對我們敞開的心，用言語向祂呼求的回應。這樣子我們的心繼續敞開，為要接收祂的引導、鼓勵、智慧之話或知識言語，這是回應我們的呼求。學習操練祂的臨在的時候，我們將腦海裏每一個思想，心中每一個意念都降服在我們生命的主——基督面前。聆聽祂的時候，我們將我們看事和做事的方法**換成祂的**做事方法。

以賽亞預言到將會來的忠僕基督時這樣說：

（祂）行審判不憑眼見，斷是非也不憑耳聞；卻要以公義審判貧窮人，以正直判斷世上的謙卑人……[12]

這正正是耶穌所作的：祂憑着父所教訓的而審判，藉着聖靈的能力，作父要祂作的。[13]

我們也像主一樣，專心聆聽成為順命的門徒，為要作神的工：拿着聖靈的寶劍，就是神的道。[14]

聆聽神是我們「醫療箱」裏最重要的工具，靠着它，我們知道如何與祂的靈合作。教導他人如何聆聽是我們身為屬靈導師給人最寶貝的功課；透過自由的聆聽，他們無論為人，或作基督徒，都從不成熟（在律法或其他規則之下）漸臻成熟（在聖靈裏與基督同行）。主自己成為他們主要的輔導員和嚮導，我們的職分因此也輕省許多。

在繁忙的生活裏騰出空間和時間安靜聆聽的時候，就是在思想和內心準備給予更多空間，接受聖靈整日向我們講的話。桑德福曾經聽見聖靈告訴她不要登上某一班飛機。她遵言，飛機發生事故。後來，她對一個小組提及這件事，有個婦人十分憤怒的問她，神為何只對她而不對其他人講話。桑德福立即回答說：「噢，我想祂其實對我們所有人說話……只是太少人聆聽罷了。」我們在一切活動和緊張情況裏，要知道聖靈對我們說什麼，這種聆聽就是在禱告的這一步驟學習的——抽出時間聆聽神，與神交通。我們被召教導人禱告。也許這是為何禱告中這一步如此被疏忽了。一個信得過的屬靈導師通常要教我們這樣禱告，他是眾多聆聽神聲音的信徒之一，他的屬靈恩賜與悟性加強我們的屬靈生命及使之更完全。

聆聽神是成為人的極重要的過程

為所有事祈禱之前的禱告是：「但願講話的人是真正的我。但願我是對真的祢說話。」[15]

墮落了的自我不能認識自己。上文我們已經提過，除非我們在主裏面找到自己，否則我們不會知道自己是誰，而且會在神之外的人或物裏尋找我們的自我。只有在祂裏面我們才成為人，在祂的臨在裏，與祂對談，我們發現「舊人」——帶着罪性、神經質、有病態性的衝動、裏面猥瑣的演員——他不是**真實**的，這一切只不過是虛假的自我，不能在神裏面扎根。我們發現神就是真，祂呼召真的「我」出來，將我們與我們的病和罪分開。我們不再用我們的罪、神經機能病和缺欠去決定自己是誰，而是靠着神清理和住在我們裏面的醫治來給自己下定義。從向受造之物屈膝——始祖墮落後的平面位置——我們站起來與創造主完全聯合——自由的受造之物垂直聆聽的位置。我們發現自己在祂裏面，祂在我們裏面。因此，在臨在中，聆聽聖靈傳送的話，靈命和心理的醫治就開始了。我們的主給予喜樂、審判、教導、指引的話。這話如果藏在一個順服者的心內，會漸漸使那人性格整合。當我聆聽及順服時，我就**成長**。

鍾斯神父（Alan Jones）在對牧者一連串的講座中重複的說：「我們若不是默觀，就是剝削。」他進一步指出：

惟有在寧靜當中，神的話才出現，只有在這樣的時刻我們才能分辨聖靈的模式。只有在這樣的時刻我們才接觸到在聖靈裏開放的內心深處的自我。

「我們若不是默觀，就是剝削。」我們若不學習聆聽神就是操縱神。我們操縱其他的人，甚至高興操縱自己來減輕我們與神聲音分離所帶來的孤單。在祂的臨在中聆聽時，我除下面具，我脱去許多的假面孔，真正的我就面對面向着耶穌。假如我尋找自己，我永遠也不會找到——找到的只是許多自我的碎片。但我若尋找祂，我會至終找到在耶穌裏與祂聯合的整體的我。

在真正的禱告裏，我面對所有的事實。我開始講出真實的故事，我生命的真實故事：

你將我們的罪孽擺在你面前，將我們的隱惡擺在你面光之中。[16]

在這光中，無論如何可怕或微不足道，我生存的真正事實都被帶到與神的對話裏。

萊克醫生說：「情緒抑鬱或受苦的人，已經停止祈禱，因為他不能夠，或者感覺到自己不能將憤怒和情慾的缺欠，或者將信心、焦慮、空虛的缺欠轉為禱告。」[17] 將有需要的人帶到神的臨在，我們一同聆聽神，就正正是我們幫他們做的。當「禱告是與神重新建立溝通之後……他可以將怨言、抗議、要求、控訴、憤怒、懷疑和不信從隱蔽處帶出，與牧師或與神交談。」[18] 我的衝動、癖好、焦慮、無端的恐懼——我們承認這一切，並且告訴神；當我聆聽的時候，祂賜我話語，可以打破不成熟的模式、罪的捆綁。我努力掙脱這些模式，不再從錯誤的角度看自己。

再者，當我成長為**造物主**要我成為的人，同樣重要的，是我發覺隨同我所怕面對的黑暗之物，是光明和美麗之物：

光明之物、歡愉、靈感與咆哮的憤怒及惱人的色慾同時浮現。[19]

我也害怕承認這一切。

照我的意見，**慾望**在這些「光明之物」中最需要得到浮現。真我在一層層的面紗和自我意識下畏縮，它害怕它仍未能掙脫的自私（肉慾），它亦害怕當這一切被曝光後，會令自己與內心深處的希望和抱負感到失望。當神是我們惟一的目標，我們的視力就會變得專一，[20]我們得到一些教父們稱為公正無私的美德。若只尋找我們公義的神，我們就開始看得清楚，而心靈和生命中的清純就會持續。**聖潔**（不是「快樂」、「愛」、「物質的收穫」等）就成為我們相關的目標；是我們基本目標的另一面。因此我們甚至可以安心的渴慕我們以前一直害怕承認的事物，因為它們都完全獻給祂了。聆聽的禱告是神聖的對話；是與主神聖的交往。祂肯定我們，我們又十分知道在有需要的時候，祂會改變我們慾望的素質，當我們對神旨意的意識偏低時，祂會將之提昇到更高之處。

下面是班克神父（John Gaynor Bank）對慾望的默想，靈感來自詩人塔拉赫內（Traherne）的一行詩：「像神一樣渴望，你就像神一樣得到滿足。」

主：慾望是一股強大的力量，是你最神聖的屬性之一！你禱告的時候無論你渴想什麼，相信你已經得到你就會得着！留意慾望的神聖素質。這是靈魂的原子能力的一部分。你裏面的天國是被慾望操縱的。不要熄滅或壓抑這種念頭，反而將它獻給我。將你最基本的慾望，你對快樂、對愛情、對自己表達、對幸福、對成功、對喜樂，你生命的任何一個層面的渴求——將這些慾望自由地和毫不羞恥地呈獻給我，我會將它們變質以致你可以從困惑中得到釋放、滿足和完全的自由。[21]

當我們在祂的臨在中安靜，並請求祂將內心深處的慾望帶出（痛苦的人一直沒有勇氣承認的慾望），許多抑鬱的人開始得到醫治。之後，開始與神討論有關的慾望。只有真我才能擁有真正的慾望，在渴求好的、美麗的、真的事物時，這個真我就更快更奇妙的生活在造物主的形象裏。

在聆聽的禱告中我們得到所需要的神聖空間和時間，與我們過去那些敗壞或者發育不全，又或因懼怕和抗拒而被壓抑的感情交往。我們的憤怒、哀傷、喜樂、愛、羞恥的感情以及深深壓抑的內心慾望都被帶進與神的聖潔對話裏。在祂慈愛的接納中，我們的感情與我們的感覺和知識成長到既細緻又溫柔的地步。我們不再被自己感情的需要和缺乏定型，反之，這些需要和缺乏得到醫治。

與神對話那一刻，我們的心向主儘量開敞。祂一直都知道我們心裏藏着什麼及需要什麼。現在我們的**意志**與祂的意志合一，我們又願意將以前內心小心積藏的一切交給祂。現在我們可以進入禱告最重要的一刻。如同其他與**真實**、道成肉身有份的東西一樣，真正的祈禱是接受神的生命。我們祈求祂更充實的進入我們裏面，讓祂自己充滿我這個人的空間（尤其我們剛清理好的空間）。這一刻就是：

讓那更大、更強、更安定的生命流進我們裏面。……最初我們只能用一點時間這麼作。但從這個時候開始，新的生命將要佈散於我們的體內：因為此時我們正讓祂在我們裏面的正確地方工作。[22]

我們之中大多數人在學習聆聽從神而來醫治的話，都會在不同的悲慘情況下經歷到我們自己的盡頭。索忍尼辛先感到神那獨特的話和感到自己在共產黨戰俘營內的恐怖之後這樣寫：「一句真理的話勝過世界。」在那難以形容的地方，他首次有時間和意向聆聽自己的內心世界和聆聽神。

他是共產黨員，被世界、被肉身和惡魔，特別被共產世界的謊話重壓着。當他學習聆聽，**真**的索忍尼辛就出現，這是一件令我們所有人都充滿感恩的事情，因為他是真理的優良聆聽者，而且有力地向全世界見證他所聽見的。在那強加他身上的痛苦和孤單中，他被提昇超越他同時代的思想，所以能夠（令人驚奇）呼叫：「祝福你，監獄，因你曾經在我生命中出現。」

「認識你自己！」沒有比個人的過犯、差錯、過失的思想持續的出現，更能夠幫助和支持我們內心對全知者的醒覺……這就是為何我回顧在監牢的日子說：「祝福你，監獄！」……在那裏我的心靈得到滋潤。「祝福你，監獄，因你曾經在我生命中出現！」[23]

他是少數的偉大先知之一，他向既瞎且聾的世界呼喊，又在自己身處的謊話網絡中掙扎。

在聆聽的禱告裏，我們不單對自己作為神的兒女的基本自我保持敏鋭的醒覺，而且也對我們是罪人的第二重自我保持醒覺。在祂的臨在裏我們認清虛假的自我，容許他們如同舊衣服或硬了的殼般脱落。我們不再需要操練它們的同在。使徒保羅這樣説：

> 我們沒有需要服從不屬靈的自己，或者活出不屬靈的生命。[24]

> 我們並不是欠肉體的債去順從肉體活着。你們若順從肉體活着，必要死；若靠着聖靈治死身體的惡行，必要活着。[25]

因此，真的自我繼續承認罪人的第二重身分，仍舊經常從基督居住的中心，就是從它的基本身分自由活動。這個自我明白一個基督徒若不能變得更好，他就是變得更差了：

> 因為超越自然的神，進入人的心靈，為它開放了美好和邪惡的門。由這點開始路就分叉了：一條通向成聖、謙卑的路，另一條通往屬靈驕傲、自義、逼迫他人的路。不再有途徑，回到沉睡心靈，單調乏味的德性。[26]

受肚腹癌的折磨，躺在醫院病房的枯萎的稻草上的索忍尼辛發現這兩重身分，就是存在於所有人類裏面的破碎：

我漸漸發現分別善惡的界線不在處境，不在階級，亦不在政治團體——而是在每顆心裏——在所有人的內心。這條界線經常改變位置。它隨着年日在我們裏面搖動。即使充滿邪惡的心，仍然保留一個小小的善的據點。即使最善良的心裏仍存在……未拔邪惡之根的小角落。[27]

我在另一本書這樣寫：

驕傲是大罪，引進其他所有的罪惡，能夠在得贖的人身上帶出比未得救的人身上更悲慘的結果。未悔罪的自我是一個決意要分離、要獨立、將自己擺在第一位的自我。屬靈生命任何一個階段最初使到這樣的邪惡出現的自由意志，能夠停止選擇善而再次選擇自己。《天路回歸》*(Pilgrim's Regress)*[28]的約翰發現自己死了許多次，學習到這樣的死是惟一能逃避死亡的方法。我們能夠逃避死亡主要在學習向「舊人」死去及經常悔改，接受神的赦免。[29]

只有在聆聽的禱告裏我們才知道自己的內心景況，然後才可以承認罪過。

在我們蛻變成為人的過程裏，衝突和掙扎是重要的元素。我們作為牧養的人，一定要學習不要誤用同情或共鳴，來妨礙人的心靈從它麻木不仁和全無生氣的光景中痛苦地甦醒過來。基督徒圈子裏最常見的做法是鼓勵這個人「轉向」我們。可是我們永遠不能夠取去另一個人的孤單。盧雲對這流行的錯覺說出有力的一番話：

我們的世界有太多的精神痛苦。可是有些痛苦是由錯誤的原因所致，出於虛假的期望，以為我們是被呼召將彼此的孤單挪去。當孤單將我們驅離自己而投向生命中伴侶的懷抱時，我們實在是將自己驅入極度痛苦的關係、疲弱的友誼和令人窒息的擁抱。[30]

我們牧養的工作是幫助每一個有需要的人面對他裏面的孤單，從那裏開始聽見神和真正的自我。不單是那些明顯地被人和世界的黑暗傷害過的人，我們每一個，都需要面對內裏的孤單和與神隔離的事實，徹底而嚴峻地，開始這偉大的工作，將內心「孤單的沙漠」，[31]改變成為寬廣美麗的「獨處花園」，[32]

在那兒真的自我向你走近。這是能夠與人建立友誼，有基督徒團契的自我。它的自我不再在所造之物之內。

鑒於所有人要面對的掙扎，當我們看見某人走了一段長遠路程，陷入無可挽救的差錯，重蹈覆轍回復舊我和以往的生活方式時，作為牧者，我們不能喪膽或太過失望。蝶蛾展示出每個靈魂在成長過程中都必須經歷奇妙的掙扎。看着蛾掙扎脫繭而出是痛苦的事。假如我們用剪刀將繭的頂端剪開，這隻蛾就永遠不能飛翔。只有與外殼，和自己掙扎，牠的翅膀才可以發育，變得強壯。之後，一條整日吃食、在樹枝上爬行、微不足道的蟲會蛻變成為一隻會飛的美麗昆蟲。翅膀帶着全能者繪畫的顏色和花樣。牠未出繭時，偶爾會停止掙扎，我們會懷疑牠是否放棄了痛苦的工作，甚或懷疑它是否在自己所織的繭內死了。我們對那些祈禱的對象，有時也有這樣的態度和感受。

那些正接受醫治的嚴重性神經官能病人，當他們返回以前的生活方式和防衛的技巧時，牧者可能感到驚慌和喪氣。不過，當他們為尋求幫助的病人聆聽神，就會接收到智慧、知識、勉勵等等的話。這一切都能幫助那人再次尋求神的臨在、聆聽祂和繼續**成長**。他只不過在那一刻停止進入垂直、聆聽和自由的位置，而轉回受造之物身上。

舉個例，那些從嚴重的同性戀神經官能病被釋放，但仍然在學習接納自己的過程的人，可能會被「食人族」的強制性衝動，輕易和有力的勝過（參閱第 3 章）。這是他們將對自己性別不能承認的部分，強力的投射在另一個同性別的人身上。沒有牧者的幫助，這些人不能夠明白究竟發生了什麼事，就如同不能夠承認和接納他們自己性格裏未被肯定和未被整合的素質。

一個神蹟地得醫治的年輕女孩子是個好例子。她在接納自己和學習如何有意義地與他人建立關係的過程裏，與一個婦人過從甚密，這個婦人反映她裏面仍未被肯定的素質。事實上，當她在神給予的職分上完全發揮，這個婦人將會**與未來的她十分相似**。她分辨不出自己對這婦人「一見鍾情」的投射作用。她的「愛情」開始時是提供幫助，跟着是提供保護，然後是佔有式的母愛。這關係最終成為一種**刻意**，她自己形容為**憤怒及反叛地**將她的心再次向舊有同性戀衝動開放——對不設防的投射可以預測到的結果。她的跌倒帶來創傷，她立即全心全意的悔改。同時這也是悲慘的結局，因為她失去這個婦人和其他人的友誼，她的專業地位，這一切對她都很重要，反映她大步走出及脫離精神與感情的幽暗。雖然她失去太多她所珍惜的東西，但她變得較有智慧。她得到新的甚至較強壯的翅膀飛翔。

再者，那些從同性戀神經官能病得到自由，但仍在分離性焦慮或者其他更嚴重的神經官能病醫治過程的人，會因為需要另一個人的環抱而容易被勝過。他們可能如這個寫信給我的年輕人一樣，說：「我不想要任何赤裸裸的關係，我只想有人擁抱我，我需要人的手臂緊緊攬着我。」這裏所講的需要並不是另一個男人的手臂，而是他幸福的感覺，一份他從來未在母親手臂裏得到的禮物。被另一個男人擁抱和親吻只會加深他這種象徵性的混亂感覺。即使仍感到傷害，他也明白這一點而且對這樣的經驗如此描寫：「那是一種我一直感到驚奇和不可思議的半父親、半情人的關係。」他實在需要對於這個充滿危險的慰藉發出疑問，這種慰藉會使他不再面對內裏的孤單以及邀請神進入這孤單裏面。神的愛湧流進恐懼和缺乏的鴻溝中，成就所需要的醫治。順服（垂直的位置）極為重要，只有這樣，神才可以作成所需要的工作。

我知道**順服**這兩個字對一直受到精神和感情痛苦（真真正

正憎恨他自己）的同性戀人士來說，是何等可怕和充滿罪咎。他不停掙扎，但毫無用處；對自己內裏古怪和強迫性的傾向、對自己和他人都感到討厭和可怕的引誘束手無策。他祈禱，祈禱，又祈禱，仍然痛苦，沒有改變。

因為這個緣故，許多為這些痛苦者禱告的人，沒有強調同性戀行為實際上是罪，反而強調同性戀是心理病，一如以往。不過，既然今日許多人為同性戀尋求辯護，我們需要強調它實在是罪，順服神明顯的旨意是快樂的事。只有在順服裏，痛苦的人才能夠從病態的愛情裏得到釋放。

先知以賽亞向神呼喊：「你掩面不顧我們，使我們因罪孽消化。」[33]

基督教圈子內的牧者和輔導員接納和贊成同性戀而不去醫治它，就是讓這個人自己的罪孽和疾病消滅他。再者，牧者和輔導員也成了他的黨羽。

惟有順服基督，我們才成為信心的家庭。這不是靠功德而得救的福音，乃是愛的福音。《聖經》清楚的教導愛基督的人就**順從**祂。我們選擇不住在祂裏面而住在另一個靈裏面的話，就是不順從和反叛，基督的手就被綁着。反叛會滋生各樣的混亂。

這裏沒有空間容納心懷二意的人。我們在這件事只有服從神或者將自己交託給墮落的心。我們知道神宣告同性戀行為是邪惡的，因此心靈被譴責。作為牧者和輔導員，我們必須幫助這顆心離開那正正要殺它的事情。教導他順服是最有愛心的事。

聆聽的禱告與真正的想像的重要關係

真正的想像經驗是對**真實（the Real）**的一種直覺。它的最高層次就是接受從神而來的經驗：無論是透過話語、異象或（最偉大的）道成肉身又或是聖靈的充滿。人裏面對真的理解能力——即承認神的臨在並帶着被造物敬畏和服從的心崇敬地聆聽——就是《聖經》稱之為心的直覺器官。

心的製圖官能本身並非是真實或高超的想像

我們必須強調，心的製圖官能本身並非是真實高超的想像。圖畫是心的說話，如同聖像只不過是反照真實的意象。假如將想像誤當為真的話，它就成為「自覺」而因此是個「沉默的偶像」。我們要將心的能力透過直覺而產生的象徵式想像和直覺本身分開。

當天使在夢中向約瑟顯現並且說：「大衛的子孫約瑟，不要怕！只管娶過你的妻子馬利亞來，因她所懷的孕是從聖靈來的。」（編按：《聖經．馬太福音》1：20）約瑟的心直覺地感到天使的出現和天使的信息。假如他嘗試用文字表達他所見的情景，說：「所有的天使都像我在夢中的一樣。」他就會誤以為清醒頭腦所見的就是心之所見。他甚至可能用邏輯分析他所見的情景而失去真正的信息。當天使加百列被差往馬利亞那裏時，他進入拿撒勒城，站在馬利亞面前說：「蒙大恩的女子，我問你安，主和你同在了！」（編按：《聖經．路加福音》1：28）馬利亞能夠直觀加百列的出現和他帶來的信息。她的內心如何構想那看不見的景象是另一回事。

將自覺和分析，高舉於一切之上認為是獲取知識的方法的時代，對肉眼看不到，可是心靈能夠看到又真又實的東西是不易理解的。兩種認知的方法都重要而且互相補足，對信仰、藝術和理性都十分重要。[34]

對我們大多數人來説，想像這個字的意義很是模糊。

字典給它的定義是：「將感官不能感覺到的東西組織成一幅頭腦的想像或概念……的行為。」另一個定義表示藉想像能力的本身組成這些想像或概念。第三個定義指出的不單是幻想，更重要的是創意或詩才：「設計新的及出色的知識概念的能力。」[35]

提到有創意或詩才這個最後的定義，最接近我們對真實或更高層次想像的定義。我們將會見到這是具詩意層面的敬畏，非常接近宗教性的敬畏：

即使真正的想像也有幾個層次，我們必須分辨得出，那些只是詩意般的敬畏，以及哪些包括宗教性的敬畏。同樣地，我們憑着直覺最低限度將真實分為三方面——自然界、超自然界以及神的真正臨在。正如直覺感到真實的**種類**不同，這些敬畏也不同；在聖靈的位格中，完全的真實（Absolute Reality）能夠透過三種之中任何一種找到祂的方式。

不同之處在於那引起敬畏的客體（Object）。被渴求的形體就在那渴求裏（魯益師，*Surprised by Joy,* p.220）。「當三十四年四月初五日」天開了，以西結看見「神的異象」，他俯伏在地存敬畏的心敬拜。期間他聽見一個聲音說：「他對我説話的時候，靈就進入我裏面，使我站起來」(編按:《聖經．以西結書》2：2)。這客體那時住在以西結裏面。這是宗教性的敬畏，啟示他的形體就是神。

在詩意的敬畏裏，藝術家實透過他新生的直覺，看見一片樹葉或者一滴露珠。他的經驗和以西結的經驗截然不同，因為那客體帶來的敬畏有異。不過，相同之處確實存在。望着那客體，藝術家渾然忘我，因為他在欣賞他所觀看的東西時，整個人完全被「吸引」。他着魔地被裏面的創意推動，深深感到要將這創意轉化成具體的形態。這就是詩般的敬畏，能夠在任何時間成為超過詩般敬畏的情況。

藝術家或神祕主義者用一種理想化的奧妙敬畏感覺，來看超自然真理或從一個更高的層次來看神。然後，對於感到完全無能的事，他有時俯伏在地，嘗試將這個異象傳遞。人始終不能將所看見、聽見的景象絲毫不差地表現在畫布、石頭、詩、音韻上。米開蘭基羅（Michelangelo）感到自己是個摸索者，以賽亞看見主坐在高高的寶座上，感到自己失落和嘴唇不潔的事（編按：參見《聖經．以賽亞書》第6章），對於一個不是藝術家又不是神祕主義者的人來說，他們的感受實在不可思議。即使如此，要存着謙卑和敬畏，懇求道成肉身的主，請求給予能力作祂的僕人，以致藝術家、神職人員或者神祕主義者，看見那真實者並渴望在他的藝術或事奉中、在他手所作的工裏，透過他手的祝福，能夠莊嚴地捕捉到那真實者的一線光芒。因此超越宇宙、人世而存在以及永在的，透過卑微和有限，顯出光輝。我們看見在宇宙固有結構之內存着山峰、星宿、海洋、永遠的榮耀、節拍和音樂；每個人裏面，有一個以人的形體包圍的宇宙，每個聖餐的杯子裏有基督活生生的身體和寶血。[36]

因此我們看見直覺真的臨在與突然直覺到自然界或甚至超自然的真理，只是程度上的不同（例如：一個人會經驗到天使或任何受造的超然者同在，肅然起敬）。[37]

不過這個啟示出現的情形，以及對這個**認知**的直覺和經歷的性質大部分都是一樣的。[38]

用心靈的眼睛看那不能看見的

魯益師曾說，我們惟一到達現實的途徑是透過禱告、聖禮、悔改和崇拜[39] ——就是透過心靈深處的方法來認識。這本書提過許多次用心靈的眼睛去**認識**的重要性以及這是禱告的重要部分。

章伯斯明白到心靈需要定睛於神，神與人的交流便發生了。他評論《聖經‧以賽亞書》26：3「專心想像你的，你必保守他十分平安」時這樣說：

你的想像力是停留在神身上，還是由它衰退消失？叫主工人生命枯槁衰竭，最具體的原因，就是想像力的貧乏。你若從來未運用想像力來到神面前，現在就開始吧。老等神來是無濟於事的，你必須把想像力從偶像的臉上轉移過來仰望神，以致得救。想像力是神給我們最大的恩賜，理當全然獻給祂。你若已經將所有的心意奪回，使它都順服基督，當試煉一旦臨到，你的信心就有了最寶貝的資產，因為你的信心可以與神的靈同心同工。[40]

章伯斯論到《聖經．以賽亞書》40:26，「你們向上舉目，看誰創造這萬象」，說：以賽亞時代神子民的想像因注視偶像的面孔而飢餓，以賽亞要他們舉目向天，他要他們好好地開始運用他們的想像……

屬靈專注的試驗是將想像約束。你的想像是否定睛在偶像的面孔上？偶像是否就是你自己？你的工作？……假如你的想像力在挨餓，不要回顧你自己的經驗；你所需要的是神。走出自己的框框，離開偶像的面孔，離開一切使你想像飢餓的東西。喚醒自己，背起以賽亞對眾人的嘲諷，刻意的將你的想像交給神。

祈禱無效的原因之一是因為沒有想像，沒有能力決心將自己擺在神面前……想像是神給予聖徒的能力，將他從自己移出，擺放在一個他從未處過的關係裏。[41]

章伯斯對心靈如何看見和知道的洞察力的確奧妙和真實，

這使他成為本世紀偉大的靈修作家之一。

聆聽神與聖靈的恩賜的重要關係

我們只能夠從**靈性（Spirituals）**這個譯自希臘文的詞語，從聖靈的「**恩賜**」的角度來看，才能夠明白心理醫治的祈禱（以及人的靈和身體得醫治）。用這類禱告來事奉乃是在聖靈的醫治恩賜裏進出。當我們奉耶穌的名，當我們**聆聽**，祂就給予我們超乎自然的信心，及所需要令那人得到潔淨和得醫治的「知識的言語」和「智慧的語言」（編按：來自《聖經．哥林多前書》12：8）。

這些**靈性**[42] 的和所有聖靈的**果子**[43] 都在神裏面，與祂和我們一起，在我們裏面的臨在有關。在我裏面住着另一位。祂有不能量度的靈。祂擁有一切聖靈的恩賜和果子。祂生命的恩賜和果子都與我同在，能夠透過我而發光，因為耶穌，那份**恩賜**，住在我裏面。我因此被祂住在我裏面的臨在而得到能力奉祂的名醫治。我們將別人帶到祂的臨在裏，看見他們得到醫治。然後我們教導他們操練祂的臨在，就是用心靈的眼睛去「看」，用心靈的耳朵去「聽」與他們同在的那一位，那從未停止向祂所愛和稱為祂兒女說話的道。因此我們教導他們聆聽他們的創造主和救主，並且與祂同行，以致他們的醫治得以持續，因而他們也可以成為管子將祂的生命流給別人。

我們將他們帶進那奇妙地稱為盛大的舞會的地方，這就是關係得醫治的神聖之舞。[44] 讓我們用一點時間想像這個大舞會，就是愛由永存者身上，流入被造的物中，然後再流至所有其他的被造物。若要繼續接收這「光亮金屬」[45] 所傾流的東西，每一個受造之人要成為流向別人的愛的管子，因為愛的本身是要流動的。透過他流出的愛，人開始為其他受造物祝福和取名，將「我」顯露出來；他開始為動物、植物甚至沒有生命的物體祝福和取名。假如我們容許我們的想像有自由的話，我們就能夠「看見」每一個人都完全順服在會場的神聖瀰漫節拍中，和左右的人緊扣着手，直至所有人都手拉手。我們就會看見他們圍繞着所有被造之物而整個被造的世界都被「收入」在他們裏面。[46] 從他們裏面流出來的「韻律」是神聖的力量，我們最後會看到整個宇宙是充滿着**愉悅**。

附錄

聆聽我們的夢

受同性戀身分危機困擾的人，多數是與自己生命中一個健全的部分分離。當我們學到如何辨識夢的象徵信息，就能夠幫助我們認識那和我們疏離的部分。要證明同性戀身分危機的醫治禱告，以及為除去任何心理障礙的禱告沒有太大的分別，我願意講講我和馬修提過的一些我個人的故事。

和馬修一樣（參看第 3 章），神用夢向我顯示出我對自己不能接納的一部分。

馬修最初被他重複出現的同性戀夢境的**真正意義**嚇倒：他注視一個令人讚賞的年輕人時，他其實是愛上他自己失落的一部分，就是他不能認識及接納的一部分。透過禱告，不可思議的事發生，基督將他和他所失去的部分連結起來。這的確是他第一次有機會探討他夢境的象徵性言語，也是第一次面對挑戰，承認他對自己的看法和接納只是片面，不夠全備。我十分願意引用自己生命裏的一個經歷作例子，描述為何會有這樣的結論。

我懷着極大的熱情和信心進入這樣的醫治禱告。因為祂治好了我作為作家的障礙——一個和馬修一樣的經歷。在記憶治療和一連串的夢境之後，我的經歷才得到啟迪。令我驚異的，乃是這個障礙令到我能夠與寫書的那部分的自己分離。

我裏面的而且確孕育着這本書，而且強要用文字表達出來。著名作家爾根萊（Madeleine L'Engle）這樣表達她的感受：「一本書冒出來，牽着我的裙裾不讓我走，直至我將它寫出來。」魯益師的「孕育着一本書」的説話，對任何一個裏面有一本書、一首詩、一幅圖畫或任何作品，又同時因為有某些惱人障礙而不能夠正確地表達出來的人，特別有意義。令我更不好受的乃是我堅信這是主要我做的事，並且祂在等着我完成。有一段很長的時間，我這樣祈禱：「主，我怎能夠做這件事呢？我實在太忙碌了，我不知道有什麼可以放下不做。」但沒有證據表示這是個正常的藉口——只是有一種溫和與不安的知識，知道祂正等着我開始寫書！

事實上我的確很是忙碌。我教兩班大一英文，修讀研究院的學位，又負責醫治的工作，而且在教會有不同的參與。任何有醫治事奉的人，不論在本地或在海外都會一樣忙碌。我所有不能寫書的辯護和藉口都理由充足，最低限度我自己這樣想。我繼續請朋友們「為我禱告叫我服從主做成這件事。」漸漸的，我開始明白我有個心理障礙，我裏面有種超越我意識能夠明白的事，攔阻我寫這本在我裏面已經成形，而且呼叫着我將它表達出來的書。我和馬修一樣，不知道我和自己裏面的一部分痛苦地疏離，我需要祈求自己能得到能力**接納我是個作家**，就是「我是誰」的那一部分，對於成全神給我手做的工來說是十分重要的。

以色列的牧者君王大衛宣告：「我必稱頌那指教我的耶和華；我的心腸在夜間也警戒我。」[1]他所說的可能就是夢。我會描述一連六個使我與我裏面的作家部分面對面相見的夢。在這些夢裏，她直接從我思想的深處出現，將她自己擺在我措手不及的清醒意識裏。她最初以女性姿態出現，她**毫無準備**，但考慮跳過一條漲溢的溪流。**從前**那裏有一道橋，但這橋已被水沖去一段很長的時間。她不理會這些困難，縱身一躍，就在這跳躍之間她受到嚴重甚或致命的傷害。這個夢及另一個夢顯示出，令到這個障礙生根的童年傷害。

在另一個夢裏她**準備**好要跨渡一條危險的河流，但卻害怕要面對這種危險。在第三個夢裏她像一個功夫到家的雜技舞蹈員，但卻害怕面對觀眾。最後，她像是一個走鋼線的雜技專家，表演準確又有高度技巧，**在眾目睽睽之下表演但卻不怯場**。夢境其實十分直率，在雜技舞蹈或走鋼線的藝術裏，穿着極少的衣服是常見的事，這代表我懼怕敞露自己。最後的夢裏面的雜技專家代表作家（她必須敞開自己），她和我連結了。這種理解，再加上禱告，帶來不可思議的醫治。

上面簡單提過的這些夢，顯示出我**懼怕被敞露**的根本原因，是由於我失去父親後的痛苦結果。請留意，這是結果而非損失。我將會再和你分享，他突然死亡帶給我的悲哀，這種深深被他拒絕的感受已經得到醫治。他死的時候我剛剛三歲，留下母親，十八個月大的妹妹和我徬徨無依，而且有一段時間我們只能仰賴他人取到所需要的庇護。

第一個夢裏架在生命溪流上的橋被水沖走，女孩嘗試跳過溪水時受了傷。父親本來就是那道橋，死亡的洪流將他攫去。無論在童年和長大的許多歲月裏，我清醒的意志實在喚不起他的死亡，令我覺得他拒絕我的經歷。雖然我整個童年及成人階段都重複作夢找尋我的父親，找尋他的棺木，不斷希望他仍然生存。我的確不感到他不要我。這六個夢沒有包括失了父親這件事。反之，它們不住揭發對敞露的懼怕，以及和這個連在一起的無能及自卑的深深感受，其實是沒有父親的直接後果。我裏面的小女孩感覺到這一切都與裏面的作家連結，不能解開。

我和馬修不一樣，我沒有將自己的一部分投射在別人身上，亦沒有不合邏輯地愛那人生命裏的我。不過，我和他一樣成功地否認了我自己很實在的一部分，就是我對父親之死的悲痛回應，和只有他才能帶給母親、妹妹和我那種愛和安全感的損失。為了要嘗試不被這個損失壓倒，我和所有禁慾主義者一樣，**否認**它的存在。我一生的日子恆久地、持續地不容許在我裏面的小女孩**承認**她因為沒有父親而懼怕被拒，被揭露隱私，無能及自卑。她就是那位寧願跳過漲溢的河流也不肯承認，沒有橋樑是不能渡過彼岸這事實。

我因此要向神承認我的**驕傲**。因為無論任何心理創傷引起的無能和自卑的感受（就如傲慢和優越感），歸根究底都源於驕傲這罪。馬修和麗莎得醫治的一個重要因素與承認驕傲的罪有關。我相信每個「作家的障礙」[2]的背面，在每個心理醫治的需要的底層我們都要承認：「主，我生命裏有一部分從未承認過它的需要和驕傲，因此那一部分仍然掙扎不必靠祢而可以自足，仍然害怕和不能完全倚靠祢。」當夢將我裏面的情況呈現出來的時候，繼續否認這些恐懼（我一生都成功地這樣做）似乎比向神承認容易得多。[3] **事實上，假如我不立即將領受到的亮光寫下，它們會很快退回到無意識的層面，我會失去這些亮光，仿如它們從未曾在意識裏浮現過。**

認罪和接納赦免是內在醫治之鑰。為這緣故，除了基督所賜予的能力外，沒有其他能力可以對心靈醫治得如此透徹。這種醫治流進醒覺意識的最深層面，這些記憶得醫治時顯示出我們與自己和他人建立關係時最真、最深的根本困難。我的「作家的障礙」得到醫治，之後，我很快完成及出版了第一本書。

投射機制

我們會將每一樣未得醫治的被擯棄經歷投射在另一個人身上。因此我們有時明明是被投射的對象，有時卻是行這樣事的元兇。無論哪一個情況，在內在醫治的禱告裏，這類防衛作用很快就顯露出來。馬修需要對這方面有更深的了解，因此我繼續用我的例子解釋這防衛機制怎樣發生。

在我裏面或許[4]起了投射作用，和馬修將自己不能接納的部分投射在另一個人的身上的情況不同，我的乃是在失去父親之後的一個整體被拒的投射。作為一個孩子，這個不自覺的痛苦和創傷，很可能在我父親去世時，在我對那前來與我們居住的祖母的感受上，我找到有意識的出口。假如我只由意識和理智的頭腦透過分析生命早期的經歷而作結論，尋索作家障礙背後的因由的話，我會說：「**全是**祖母的錯。她從來沒有真正的喜歡我，她更加從來沒有為我喜歡寫作、音樂和學習而肯定我。」這樣的解釋雖然有部分對，但大部分都是錯的。

我的祖母賢良淑德，是一名南部鄉下女人。她有蘇格蘭血統，而且擁有一切腳踏實地和忍讓的美德。我嘗試將生活變化為一些可以理解的美術形體，但常被她視為「虛有其表」。傷我心的是她認為我只不過想勝過我的妹妹，就是她的心肝寶貝。我的妹妹快樂、頑皮，毫不醒覺成人世界要面對的死亡和煩惱，她是我祖母能夠愛和能夠明白的一個孩子。

我雖然完全意識不到自己生命在否定父親，不過，我年幼時已開始痛苦地醒覺到父親的死帶來的後果在影響我勤勞和脆弱的母親。她出生時體重不到三磅，生命的開始岌岌可危，一生從未有強壯的日子。小時候我最大的恐懼是她會死去。雖然她的道德和屬靈力量補足她的肉體軟弱，且不需要我的保護，我幼稚的心仍儘可能用不同方法來保護她。我扮演母親的「母親」，並且對任何她要面對的危險和困難有敏銳的醒覺。一個在年幼的時候就嘗試與成人世界交往藉以了解生命的孩子，她比她的真實年齡成熟。帶着父親死亡的清晰記憶，又感受到母親的困苦，經常與祖母不和，長大以後**成為作家**這一部分的我沒有被肯定。

成為作家的障礙未出現之前，我已經歷到醫治的深層，是我對父親的死的反應所引起的抗拒。這件事發生在我就讀的第一所教牧關顧學校（由桑德福夫婦所創辦的）。小組成員包括牧師、宗教人士（修女、教師、修士、教會執事）以及不同的專家，如醫療、教育和專業人士，全部都與醫治病人祈禱有關。我熱切投身在醫治事奉裏，而且發現只有完全委身基督，喜樂的與祂連繫才能帶來生命的完整和意義。透過為我生命裏每一個階段所知道的罪懺悔，透過在需要和可能範圍的修補，透過全心及自動接納神不可思議的赦罪之恩，透過用禱告的心等候主，我每一個已知的傷痛甚至失望都得到醫治！

可是，我醒覺不到心理上的傷害（我的情形是不被接納），是我最需要得到的醫治，結果我對於在記憶治療的禱告所發生的事感到驚異，如同馬修經歷到吃人族為何食人。更重要者，在醫治事奉的範圍內，主向我證明為心理得醫治的祈禱是毫無疑問的有效——祂不單有這能力，而且歡喜向我們指出和帶出傷痛的根源，無論我們經歷這些困難時是什麼年紀。再者，不是**我們**能做什麼，乃是我們容讓**祂**做什麼！

醫治事奉裏的一個有恩賜的領袖什萊蒙（Barbara Shlemon）作出這個特別的禱告。她按着年日，由現在開始，倒數到出生及成胎的時候。當她數到三歲和八個月之間時，我心靈深處冒出我能想像的最清楚的聲音：「饒恕你父親的死亡！」我想，多麼荒謬，饒恕自己的父親死了。但我聽從這句話，跟着做。那個清脆響亮的命令對我來説是我永遠不會忘記的經歷，更遑論會懷疑或否認了。無論那件事怎樣發生，兒童將雙親的離世當為對自己被拒絕的事實，這是什萊蒙在第二天和我們分享的題目——神清清楚楚顯示給我的主題。

數年之後，當我面對「作家的障礙」這個問題，我的夢顯示出它的根不在這個已經顯明又得醫治的被拒之根本經歷內，而是在從來沒有**承認**的後果裏（懼怕被揭露）。雖然不是夢境的一部分，我童年時對祖母的觀感是從這兩個醫治裏衍生出的情況。我需要問自己三個問題：(i) 因為父親的死亡，我將多少的被拒無意識地投射在祖母身上？(ii) 她不能夠向我表達愛心和感情，是否因為我覺得她取代了父親的位置而憤怒？(iii) 未得醫治的被拒感受使我們在不同情況裏不能愛人。是否因為我不能愛她，因此成為我們兩人之間關係破裂的原因？我需要承認我抗拒她的罪。

我覺得家庭關係的破裂實在可悲。對我們兩人也是悲劇，我們這一生從來沒有好好地處理過我倆的關係。不過，明白了這件事，我又認罪，就如記憶治療裏常常發生的：她有生之年我們不能做到的，在她死後就完成了。我們現在有正確的關係，因為我發現自己真真的愛我那好心腸但卻輕率的矮小蘇格蘭祖母。我數得出幾樣證明的理由，但我覺得最不能辯駁的乃是在主的偉大臨在裏，祖母當然已得到醫治，我也是。我倆之間再沒有別的，就只有愛。

阻礙我們明白自己生命裏的真實故事，[5] 與我們需要認的罪和得到的赦免，就是障礙。就如盲目的偏見等於真的看不見，障礙也是如此，就好像馬修和我所有的，是真的障礙物。

我們不能刻意的控制它們，只繞過它們或跳過它們。這些障礙對我們的**成長**，對我們為天國効命也構成障礙，就是指出教會需要重新發現，如何有效地用禱告將這些妨礙移去的知識。換句話説，我們需要學習如何有效地為心理醫治祈禱。心靈的自由，最基本的自我自由，人的整全和隨之而來的成熟，全仗這個人在心理整全上的成就。真的，我們靈性的整全和心理整全是互相交錯，除非我們能夠辨認驕傲和冷漠的罪，否則我們不能將這些罪完全承認出來。

當然，承認我們不能醒覺的罪有極大的醫治優點：「誰能知道自己的錯失呢？願你赦免我隱而未現（及無意識的）的過錯。」[6] 不過，當我們能夠面對隱藏的罪，專為它認罪以及將之交給神，我們就得到完全的醫治。祂的饒恕和醫治的亮光充滿我們生命中黑暗的部分，我們的眾罪過「如薄雲滅沒」。[7] 受傷和受捆綁的部分得到醫治和釋放後，我們發現自己從那種罪加諸身上的限制中釋放出來。這就是記憶治療。

夢

我們的心用一種象徵式語言與我們説話，這語言會用象徵式的形象或者圖畫出現。開始的時候我誤解了告訴我寫作障礙在何處的夢，而且犯了我們眾人都傾向犯的錯誤，就是我們嘗試用己力明白自己的夢，卻不知道夢境究竟如何對我們説話。[8] 我太過實際刻板的看那些不尋常的夢，用理性、意識的語言去解夢。在我未將這些夢與我的好朋友赫門和賴夫利（Herman & Lillie Riffel，他們既有智慧又常存禱告的心）分享之前，我看着它們，害怕這些夢會指出我其實想表現自己（正如祖母會有的想法！）飛躍過河、雜技舞、走高鋼線對於我這個頗為有尊嚴的母親和祖母，不是簡單的事。再者，我更是一位坐辦公室，專心在禱告和追求學問的人呢！

還有，我家附近的確曾有一道橋；這道橋在我孩童時候被急流沖去。記憶中我仍有清楚印象，自己緊握母親的手，驚奇地凝視那道橋原有的位置，看見啡色的水怒哮、翻滾。可是橋和溪牀好像但又不像我曾經一度見過的，比實際春天的暴風雨帶出的圖畫全不相似。麗莎在夢裏低頭看見一個黑色的腫瘤穿過她皮膚的毛孔，所代表的意義與這幅圖畫實際上表示的十分不同。馬修同性戀行為的夢不能解作:「你是同性戀者。」 不明白夢用象徵式的語言説話的現代人會很嚴重地誤解他們的夢，因而捲入極大煩惱當中。但當我們聽到真正的解釋時，這個危險就不再存在，因為我們的心與聖靈聯合，共同肯定這件事。這就是賴夫利為何能夠說：

假如解釋是正確的話，作夢的人會知道……因為夢是證實我們已經知道的。因此，永遠不要接受你的心不能回應的夢的解釋。[9]

夢境再談

上面的眾多例子已經帶出夢的重要：能夠幫助揭露和解釋這些障礙。《聖經》重複的強調夢的重要性——將人心顯示，並將神的話傳送給那顆心。可惜的是，當我們現代人留意夢的時候，我們常誤解這些夢帶來的信息。這是有原因的。我們不明白自己的兩種思想方法（我們理解的頭腦和直覺的心），以及它們**認知**的不同方法。

當我們不明白，不欣賞對所謂無意識心智的認知方法時，就會引起嚴重的問題。這是直覺官能而不是推理官能，是創意想像、記憶和聖靈恩賜的所在……

這個失敗是……根源於我們承受的希臘思想，特別由亞里士多德而來的思想。亞里士多德的認識論（Epistemology），肯定人從他的感官經驗和推理接收資料而獲得知識的途徑。推理將經驗綜合，被認為能夠使人與真實接觸。從這兩種認知的途徑（經驗及推理）——兩者皆屬於有意識的心智——他發展幾個最初的知識原則。因此他排除柏拉圖包括從神、從詩人和先知，從夢和異象來的靈感的第三個認知方法，而且，最重要的就是愛之道。這一切當然都是「無意識」的心的方法：圖畫、隱喻、符號、神話以及連同愛和道成肉身的方法：將神話和事實連在一起的方法。假如這種認知的方法得以保留，我們就不會在現代詞彙裏找到這個「無意識的心智」自我矛盾的名詞，因為這方法實在並非無意識，乃包括幾種不同的意識。

透過托馬斯．亞奎奈（St. Thomas Aquinas），教會接納亞里士多德的認識論，又將它納入神學裏面，猶太基督教對心靈深處（無意識的心智和它認知的方法）的認識就消失無蹤了。沒有任何範疇可以幫助辨認它。基督徒與非基督徒特別看重有意識的心智和它認知的方法多於無意識的東西。這不單大大妨礙西方基督徒明白有創意的形象，而且大大壓制我們明白聖靈在人生命裏的工作。的確，我們不能完全明白人與他的神、與他人、與他內心的發展和整合，是因為我們不明白自己的兩種思想。[10]

作為直覺方法的認知，夢是一個重要的**啟示**媒介。我們心中所有的東西會在我們有意識的心智裏顯露出來。神的心意能夠透過夢向我們的心和頭腦顯示出來。因此嘗試明白無意識的象徵性語言是釋夢最重要的一個因素，是與其他被聖靈帶領的人在一起，完全倚靠聖靈及神的話。

基督應許聖靈會帶領我們進入真理（編按：《聖經．約翰福音》16：13）。除了住在裏面的聖靈外，神的恩典裏缺乏人的推理和想像力（他的無意識方法的認知）。兩者皆需要聖靈的注入，兩者皆需要智慧和均衡，而只有內裏賜予和住在裏面的共有身體（Body Corporate）才能供應。在聖靈的團契裏，在《聖經》的亮光之中，這就是能夠證實的推理和想像。[11]

任何不以上述一切為釋夢方法的先決條件，就表示在某程度上，這些方法對人和他的無意識的觀念和基督教觀念不同（實際上是他的不同程度的自覺）。我想全心推薦一些有幫助、又在神學上有見地研究夢的書本，可惜還未面世。此刻，我們需要知道現存有關這類書籍的心理和哲學假設。舉個例，我們知道佛洛伊德的假設是基於自然律（Naturalistic）（就是他用生物觀點看人和人的心）。我們不會因為他解夢時集中於性衝動而驚奇。再者，由於我們知道他認為無意識彷彿是無價值東西的容器，是生命裏被壓抑的事物，我們就不期望他當無意識為創意想像及聖靈恩賜的所在。基督徒非專業輔導員不難辨識唯物主義者的假設，但在寫給一般讀者的釋夢書中，有關的研究員和作家大部分對人及人心態的觀點，都不如佛洛伊德般持生物觀點，反而是人文主義甚至某程度的超自然主義。在對人和人思想的理解中，我們更需要領悟和辨識這些不同於基督教觀念的假設了。這是因為它們往往包括許多既真實又有幫助的觀點。例如心理學家榮格（C.G.Jung）對人「無意識」認識事物的方法，可能比任何當代的心理學家或哲學家知得更多。因此，作為一個科學家，他窮一生之久研究夢境，他對夢有深入的認識，與他的朋友及同時代的心理學家佛洛伊德不同。榮格知道無意識是為創意想像的直覺能力，容讓不從經驗和推理綜合而得的知識暢流的中心。雖然榮格的見地甚有幫助，但我們仍要記得他的假設不屬於基督教的。他們是信奉諾斯底（Gnostic）思想的。榮格很坦白承認他在哲學和心理方面都是持諾斯底信念的。他用中世紀煉金術的橋樑作為進入「真知」（Gnosticism）之途，他並選擇諾斯底信仰為他思想的架構（譯按：一種融合多種信仰，把神學和哲學結合在一起的神祕宗教。強調只有領悟神祕的「諾斯」，即「真知」，才能使靈魂得救）。將榮格思想**毫無異議**地放入基督教輔導和醫治的基督徒，對基督的身體有極大的損害，因為「真知」一直以來都是基督教的大敵人。這是因為它基本上和結果上是一種解釋主觀性啟示的方法，它否認道成肉身，一直以人類經驗及價值標準解釋宇宙萬物和對神錯誤觀念為作結。撇除聖靈和基督住在我們裏面的真理分開，最終會導致以精神或「靈魂的」的角度去解釋無意識的啟示作結。榮格這樣解釋他自己的夢，認為神具有善、惡兩面。毫無保留地採用榮格的人格結構理論的話，基督徒輔導員會很快發現他們改變方向，向着人類中心和人文心理的方向而行。在他們的輔導工作裏，聖靈的醫治能力不再佔一席位，同時又打開門讓錯謬的啟示進入。

章伯斯對基督徒這樣說：

性格就是指我們與別人不同的特質，是獨特的，難以估量的，就連我們自己也往往不盡了解。海上的小島，往往是大山的頂尖而已。性格就如小島，至於底下的奧祕，我們一無所知，因此我們無法衡量自己。我們自以為能夠自知，但終必體會只有一位能明白我們，就是造我們的神。……

我們只能以性格，而斷不能以個別性和獨立性來說明主的身分。「我與父原為一。」性格是可以融合的，只有當你與別人融合時，才顯出你真正的身分。當愛或是神的靈激動一個人時，他就改變了，不再會堅持自己分隔的個別性。我們的主從不按個性，也就是人與人隔離的身分說話，祂只提到性格——「使他們合而為一，像我們合而為一。」(編按：《聖經・約翰福音》17：22)[12]

作為基督徒，我們的性格結構只能夠以基督住在我們裏面的靈來考慮。我們有的，是對人、對現實屬肉體的觀念。透過自然界基督在我們裏面工作，這是恩典。與人的推理同心，聖靈將神聖的知識顯明；與人直覺的心同心，聖靈將神聖的想像顯明。無論有意識或無意識，我們對不同的認知方法得到奇妙的分辨能力。我們可以在屬靈和真的啟示和純然心理或靈魂的啟示之間劃分界線。我們可以分得出真理的話和屬世界、肉體和魔鬼的話。

附注

前言

1. C. S. Lewis（1965）. The Weight Of Glory. *The Weight Of Glory and Other Addresses*（pp.14-15）. Grand Rapids, Michigan: Eerdmans.（在英國出版時取名 *Transposition and Other Addresses*。中文譯名《榮耀的重量》)。

第 1 章　麗莎的故事：壓抑了的記憶

1. 記憶治療包括以神的靈給予的醫治恩賜服侍人。關於這個題目的書籍、文章，很少清楚提出這一點的重要性。
2. 口交是用口納入陽具。
3. 桑德福（Agnes Sanford）的短句。
4. 並非所有需要得醫治的記憶都是壓抑的記憶。
5. 母親不能控制的意外或環境，會引致她與嬰孩之間產生創傷性的破裂關係(例：難產；母親因為疾病或意外，在嬰兒六個月大之前遇有壓力的時候不在場……等等)。
6. Leanne Payne（1995）. *Real Presence: The Glory of Christ with Us and within Us*（pp.59）. Grand Rapids: Baker.
7. 《聖經 · 約翰壹書》5：20- 21（和合本)。
8. 《聖經 · 約翰福音》1：1（和合本)。
9. 《聖經 · 約翰福音》5：17（和合本)。
10. 《聖經 · 路加福音》4：18-19（和合本)。

第 2 章　同性戀的成因：現代理論

1. 我覺得同一地區的兩個醫生因着麗莎的年齡而作出相同的診斷，實在不尋常。

2. "25 Propositions on a 75th Birthday", *New York Times*, 24 April 1978.

3. 例如：Ruth Tiffany Barnhouse（1977）. *Homosexuality: A Symbolic Confusion*. New York: The Seabury Press 值得推薦。不單因為它對同性戀問題有簡明扼要和綜合性的洞察與概念，而且因為它對目前接納同性戀為正常，而因此在心理和道德上都健康這論斷，要求科學和醫學論據之外的成因，有詳細可靠的分析。作為一個負責的學者和研究員，作者將論據不足以及他們錯誤的假設和統計資料揭露出來，因此從流行的用語中將虛假的科學面具除去。再者，她將同性戀問題放在歷史角度裏。既是精神科醫生也是神學家，她能夠辨識到，什麼時候，不同的觀點會越出它們正確的科學及／或道德的範圍，她提議的書目和附注是一份關於雙方面觀點的最佳參考書目。

4. 同上，pp.116-117。

5. 這其實是一段在一定程度上繼續向我們説話的信息。我們發覺自己沒有太大能力去扶持陷在毒品和邪教裏的年輕人。

6. 《聖經．哥林多前書》6：11（和合本）。

7. Communications Department, Episcopal Diocese of Atlanta, 2744 Peachtree Road N. W., Atlanta, Georgia 30305.

第 3 章　馬修的故事：身分危機

1. C. S. Lewis（1955）. *Surprised by Joy: The Shape of My Early Life*（pp.71）. New York: Harcourt, Brace and World, Inc.

2. 見 Payne, *Real Presence*, Chapter 7。

3. 真的或更高層次的自我是與神聯合的主要的自我。它豐豐富富的與神聯合。這個自我在與神的關係裏（無論是男人的靈或女人的靈），大多數時間都被看作女性。「所有事物之上及之外的都是男性，以致我們以女性自我與這一切聯繫。」（C. S. Lewis〔1962〕. *That Hideous Strength: A Modern Fairy-Tale for Grown-ups*〔pp.316〕. New York: Collier.）

4. 同性戀衝動之前的日子，馬修曾夢見其他青年男子，全都具有他欽羨的某些優點。在夢中他會輕吻他們的嘴唇。得到醫治後數年，他告訴我生殖器的幻想，是「當我聽到關於同性戀之後，將接吻幻想轉化的粗野表現。」

5. Scanlan, Michael（1974）. *Inner Healing*（pp.51）. New York: Paulist Press.

6. *The Virtues*（pp.6）. Chicago: Regnery Company, 1967.

7. 《聖經・以弗所書》4：23-24（和合本）。

8. 《聖經・加拉太書》5：22（和合本）。

9. 《聖經・詩篇》86：11（和合本）。

10. 桑德福對性問題的錄音信息。

11. 章伯斯（Oswald Chambers）在《竭誠為主》（*My Utmost for His Highest*）（New York: Dodd, Mead and Co., n.d.）這樣說：「禱告含混模糊的原因之一，是沒有想像力，沒有決志把自己擺在神面前的能力。」（February 10）。

12. Walter Trobisch（1976）. *Love Yourself*（pp.8）. Downers Grove, Ill.: InterVarsity Press.

13. Guido Groeger, Walter Trobisch 在 *Love Yourself,* pp.9 引用他的話。

14. Trobisch, *Love Yourself*, pp.15.

15. 同上，pp.14-15。

16. 舊有的名詞更好：「自我接納的美德！」這更容易想像，聽起來也順耳得多。有道德的價值。

17. Frank Lake（1966）. *Clinical Theology: A Theological and Psychiatric Basis to Clinical Pastoral Care*（pp.724-728）. London: Darton Longman & Todd.

18. 這是為何歷代以來教會和父母對兒童的性遊戲看得這樣嚴重（通常是缺乏智慧和了解）。對性的事情產生的好奇很快變成不單是知識上的興趣。例如我們經常有這樣的經驗；與一個公開的同性戀者禱告而發現他的根本記憶（就是引起同性戀發生的那件事），乃源於年輕時的好奇和自瀆及／或團體自瀆及性遊戲。

19. 根據魯益師的論調，天堂及它所包含的一切是如此的真實，未得贖的人（那些揀選自己和地獄）不會感到安舒。在 *The Great Divorce*（《夢幻巴士》，前名為《天淵之別》）（New York: Macmillan, 1971），描述那些拒絕救恩的人沒有實質甚至如鬼魂一樣。

20. 同上，pp.91。

21. 同上，pp.101。

22. Payne, *Real Presence*, pp.139-141.

第 4 章　尋找性身分

1. Payne, *Real Presence*, pp.68-70, 72, 116-117,135-145, 149-157。

2. 同上，pp.166-168。

3. 聖公會和天主教的聖餐裏，主教給油祝福，專為醫治心靈、身體病患按手和祈禱用。

4. 「務要在主面前自卑，主就必叫你們升高。」《聖經・雅各書》4：10（和合本）意譯。

5. 《聖經．以賽亞書》26：3（和合本）。

6. 有人刻意為自己雕塑一個這樣的形象，但他們的需要與阿澤的不同。他們嘗試將自己不能與母親的性身分分辨的失敗具體化。這些人通常對自己心理、身體造成大損害之後才肯尋求幫助。例：這些人（男人）可能在未尋找到他們需要的醫治之前，透過不太難獲得的手術和荷爾蒙將性別改變，之後就很難恢復原狀或糾正了。

7. 被拒絕的經歷不一定需要在醫治禱告裏帶到意識層面。當事人只要知道他從問題裏得到前所未有的平安和釋放就夠了。

8. 正如在「與嬰孩時期不能建立一個適當的存在意識有關的同性戀行為」那幾段文章裏，我們看見嚴重的情況下它會使到嬰孩不能接受母親的愛——一個與母親關係分裂的地位。

9. 我們很容易看見這樣的嬰孩會寧願死而不想在痛苦裏掙扎求存。有時，這些痛苦的人要處理裏面求死的慾望。在臀位分娩的痛苦裏，有些醫治顯示出小嬰孩不想被生出來，他拒絕離開母體。這些情況裏的人似乎天生的知道，完全接受自己在生命裏的職分將會是什麼一回事。這種講法是根據 Barbara Shlemon 和其他像她一樣是臀位出生，又經歷到上面講到為出生過程的處境得醫治的人。

10. 《聖經．使徒行傳》3：1-10（和合本）。

11. Letter（March 6, 1956）to a Mr. Masson, Wade Collection,Wheaton College, Wheaton, Illinois.

12. Payne, *Real Presence*, pp.141.

13. Ruth Tiffany Barnhouse（1977）. *Homosexuality: A Symbolic Confusion*（pp.26）. New York: The Seabury Press.

14. 同上，pp.27。

15. Payne, *Real Presence*, pp.170-171.

16. Nobel lecture, 1973.

17. C. S. Lewis（1964）. *Mere Christianity*（pp.94-95）. New York: Macmillan.（中文譯名《如此基督教》、《基督教信仰正解》或《返璞歸真：我為什麼回歸基督教》）

18. Chambers, *My Utmost for His Highest*, pp.363.

19. 《聖經・撒母耳記上》15：23（和合本）。

20. 《聖經・羅馬書》12：19（和合本）。

21. 一個女人寫信給我說，在這個吞噬性的愛情裏是一種「熱切渴望被人渴想、需要。當為偶像、崇拜、尊榮、擁有、注意、欣賞以及渴望管轄、擁有他人。」

22. Lewis, *The Great Divorce*, pp.89。特別參看第 10、11 章（魯益師描繪 Hilda 和 Pam 的性格）。

23. 當我們只關心外表的形象時，這個原則才帶來壞名聲。耶穌對這個問題有這樣的意見：「你們這假冒為善的文士和法利賽人有禍了！因為你們好像粉飾的墳墓，外面好看，裏面卻裝滿了死人的骨頭和一切的污穢。你們也是如此，在人前，外面顯出公義來，而卻裝滿了假善和不法的事。」（《聖經・馬太福音》23：27- 28〔和合本〕）

24. Emma Curtis Hopkins（1974）. *High Mysticism*. Del Rey, Calif.: De Vorss.

25. 我任大學教授時，曾見過有這種思想的人。當我見到一個知識發達的女人性化她的身分時，我覺得很矛盾。除非她心理得醫治，否則她就會繼續如此。

26. 錄自 J.R.R. Tolkien 的文章 "On Fairy Stories"。

27. 同上。

28. Henri J. Nouwen（1966）. *Reaching Out*（pp.22）. New York: Doubleday.（中文譯名《從幻想到祈禱》）

29. 同上。

30. 心理學上歇斯底里的依附另一個人。

31. 請特別注意第四章：「明白及醫治歇斯底里性格的人」及第十章：「同性戀：男性中心性格的發展」。

32. 同上，pp.9。

33. 同上，pp.10。

34. 同上，pp.940。

35. 這樣一個受苦的人並不經常逃避問題，有人這樣寫提醒我：「我一次又一次伸手尋求幫助，但沒有人能夠幫我。我陷入這種與其他女人建立關係的防衛方式時是二十九歲，（之後）我在完全黑暗的抑鬱裏接受了八年的精神治療。」

36. 《聖經・希伯來書》10：19-20（和合本）。

37. 參閱 Letters to Ruth Pitter, pp.2（Ruth Pitter 節錄他人）. Wade Collection, Wheaton College, Wheaton, Illinois.

38. 這封信的影印本可以在 Wade Collection, Wheaton College, Wheaton, Illinois 閱到。原稿在 Bodlein Library, Oxford。另見 Sheldon Vanauken（1977）. A Severe Mercy（pp.146-147）. New York: Harper & Row.

39. Lake, *Clinical Theology*, pp.932.

40. 同上，pp.933。

41. 同上，pp.401。

42. 同上，pp.429。

43. 同上，pp.984。

第 5 章　《聖經》談及的身分危機

1. 《聖經．歌羅西書》2：9-10（和合本）。
2. Lewis, "Membership", *The Weight of Glory*, pp.40.
3. 《聖經．馬太福音》16：13-19（和合本）。
4. 《聖經．馬可福音》8：34-36（和合本）。
5. Payne, "The Great Dance", *Real Presence*, Chapter 7.
6. Lewis（1960）. *The Four Loves*. New York: Harcourt, Brace & Co., Chapter 1.（中文譯名《四種愛》）。
7. 研究 C. S. Lewis 在 *That Hideous Strength* 裏 Mark Studdock 的性格。
8. 《聖經．羅馬書》1：19-25（和合本）。
9. 《聖經．羅馬書》2：14-16（和合本）。
10. 加爾各答的德蘭修女可能是當代這個真理的偉大例子之一。她在神的形象作工，她所作的是世人認為不可能的。她對主的崇敬和委身就直接流出愛的奇蹟。
11. 《聖經．希伯來書》10：19-20（和合本）。
12. 《聖經．羅馬書》1：2-3（和合本）意譯。

第 6 章 聆聽醫治的話

1. 一個似乎連感官能力都包括其內的異象，就是眼睛似乎在某一刻有高度視力。
2. 早期基督徒一個極重要的禱告。
3. Lewis, *The Four Loves*, pp.174.
4. Silence, The Portable Cell, *Sojourners*, July 1980.
5. 《聖經・提摩太後書》3：15（和合本）。
6. 《聖經・馬太福音》4：4（和合本）。
7. 《聖經・以弗所書》6：14-15（和合本）。
8. 《聖經・使徒行傳》17：11-12（和合本）。
9. 《聖經・羅馬書》5：5（和合本）。
10. 《聖經・以弗所書》3：18-19（和合本）。
11. 《聖經・詩篇》95：7（翻譯自新英文聖經 NEB）。
12. 《聖經・以賽亞書》11：3-4（和合本）。
13. 《聖經・約翰福音》8：28-29（和合本）。
14. 《聖經・以弗所書》6：17（翻譯自新英文聖經 NEB）。
15. C. S. Lewis（1964）. *Letters to Malcolm: Chiefly on Prayer*. New York: Harcourt, Brace and World.（中文譯名《致馬爾肯書》）
16. 《聖經・詩篇》90：8（和合本）。
17. Lake, Clinical Theology, pp.40.

18. 同上。

19. C. S. Lewis（1967）. *Christian Reflections*. Grand Rapids, Michigan.: Eerdmans. pp.169.（中文譯名《基督徒的沉思》）

20. 《聖經．路加福音》11：34（和合本）。

21. 這第一次出現在雜誌："The Order of St. Luke's journal on healing", *Sharing*, August 1950.

22. Lewis, *Mere Christianity*, pp.168-169.

23. "Ascent", *The Gulag Archipelago II*, Part Ⅳ, Chapter 1. New York: Harper and Row, 1975 n.p.

24. 《聖經．羅馬書》8：12（翻譯自耶路撒冷聖經 JB）。

25. 《聖經．羅馬書》8：12-13（和合本）。

26. C. S. Lewis（1958）. *Reflections of the Psalms*（pp.31-32）. New York: Harcourt, Brace and World.

27. *The Gulag Archipelago*, Part Ⅳ, Chapter 1, n.p.

28. C. S. Lewis（1973）. *The Pilgrim's Regress: An Allegorical Apology for Christianity, Reason and Romanticism*. Grand Rapids, Mich.: Eerdmans.（中文譯名《天路回歸：為基督教、理性和浪漫主義辯正的寓言》）

29. Payne, *Real Presence*, pp.71-72.

30. Nouwen, *Reaching Out*, pp.22.（中文譯名《從幻想到祈禱》）

31. 同上。

32. 同上。

33. 《聖經．以賽亞書》64：7（和合本）。

34. 要研究真的想像方法，請參看 Payne, *Real Presence*, Chapter 10（"The Whole Imagination I: Surprised by Joy"）及 11（"The Whole Imagination II : The Two Minds"）.

35. 同上，pp.131-132，引用 "imagination", *The Oxford English Dictionary*, compact edition, s.v.。

36. 同上，pp.136-137。

37. C. S. Lewis（1962）. *The Problem of Pain*（Chapter 1）. New York: Macmillan.（中文譯名《痛苦的奧祕》）

38. Payne, *Real Presence*, pp.137.

39. C. S. Lewis（1970）. Dogma and the Universe. *God in the Dock: Essays on Theology and Ethics*. Grand Rapids, Mich.: Eerdmans.（中文譯名《被告席上的上帝》）

40. Chambers, *My Utmost for His Highest*（February 11）。

41. 同上，February 10。

42. 《聖經．哥林多前書》12：4-11（和合本）。

43. 《聖經．加拉太書》5：22-23（和合本）。

44. C. S. Lewis 的神話小説 *Perelandra*, New York: Collier, 1962（中文譯名《漫遊金星》）在第十七章形象地描述這盛大的舞會。

45. Lewis, *The Problem of Pain*, pp.139.

46. 「《聖經》也説萬物都是為了基督而被造，而且萬物都要被集中在祂裏面。」魯益師不知道這個觀點除了人之外，還可以應用在什麼東西上，不過他喜歡想像「當有智慧的被造物進入基督裏面時，也會以那個方法將其他所有的東西，與他們一起帶進去。但我不很確知：這只是一種猜想。」（*Mere Christianity*, pp.170）

附錄：聆聽我們的夢

1. 《聖經・詩篇》16：7（和合本）。

2. 作家的障礙永遠不單是作家的障礙。一旦從這個障礙得到釋放，也會發現自己在其他範疇裏多了自由。

3. 不信和不信靠神當然是藏在恐懼後面的罪，需要向神承認。

4. 我不能對此作出肯定，但回顧過去這似乎甚有可能。

5. Payne, *Real Presence*, Chapters 5, 6, 7.

6. 《聖經・詩篇》19：12（和合本）意譯。

7. 《聖經・以賽亞書》44：22（和合本）。

8. 要研究神如何在夢裏對我們説話，我願意推薦 Herman H. Riffel（1978）. *Voice of God: The Significance of Dreams, Visions, Revelations.* Wheaton, Ill.: Tyndale House. 還有 Karen Burton Mains（1979）. *The Key to a Loving Heart*. Elgin, Ill: David C. Cook, Chapter 4 講到夢作為一個信差的角色。

9. Riffel, *Voice of God*, pp.85.

10. Payne, "The Whole Imagination II: The Two Minds", *Real Presence*, Chapter 11.

11. 同上。

12. Chambers, *My Utmost for His Highest*（December 12）.

延伸閱讀

一、同性戀復原

1. 思仁著：《愛的尋覓——一名同性戀者對同性戀問題的探討》。香港：香港細胞小組教會事奉訓練學院，出版年份不詳。
2. Nicolosi, Joseph（1991）. *Reparative Therapy of Male Homosexuality: A New Clinical Approach*. Northvale, New Jersey: Jason Aronson Inc.
3. Bob Davies 及 Lori Rentzel 原著，譚素敏譯：《恢復真我——掙脱同性戀的枷鎖》。加州：中國華人佈道會，1996。
4. Anita Worthen 及 Bob Davies 原著，吳蔓玲譯：《親愛同志——我所愛的人是同性戀》。台北：基文社，1998。
5. Starla Allen 原著，吳蔓玲譯：《給你同志——揮手告別同性戀》。台北：基文社，1998。
6. Jeff Konrad 原著，吳蔓玲譯：《我不再是同性戀》。台北：宇宙光出版社，2000。
7. Paulk, John（2000）. *Not Afraid to Change: the Remarkable Story of How One Man Overcame Homosexuality*. Hartline Marketing.
8. Bob Davies & Lela Gilbert（2001）. *Portraits of Freedom: 14 People Who Came Out of Homosexuality.* InterVarsity Press.
9. Worthen, Frank（2002）. *Helping People Step Out of Homosexuality.* California: New Hope Ministry.
10. Nicolosi, Joseph & Nicolosi, Linda Ames（2002）. *A Parent's Guide to Preventing Homosexuality*. Downers Grove, Illinois: Intervarsity Press.
11. Joe Dallas（2003）. *Desires in Conflict: Hope for Men Who Struggle with Sexual Identity.* Harvest House Publishers.
12. Alan Chambers（2006）. *God's Grace and the Homosexual Next Door: Reaching the Heart of the Gay Men and Women in Your World*. Harvest House Publishers.

13. 施道恩原著，古志薇譯：《愛中轉化——同性戀愛可釋手》。香港：道聲出版社，2007。

二、記憶治療

以下是一些有關這種醫治方法的介紹，及基督教界對這種醫治方法不同意見的中文書籍：

1. 瓊恩・詹姆斯原著，黃莉莉譯：《內在醫治》。台中：大光書房，1985。
2. 麥格納著，林約翰譯：《醫治》。台北：以琳書房，1985。
3. David Seamands 原著，王環芩譯：《傷愈》。台北：中國學園傳道會，1988。
4. David Seamands 原著，朱麗文譯：《不再幼稚》。香港：天道出版社，1991。
5. 唐芭芭拉原著，劉公典譯：《從棄絕到接納》。台北：橄欖基金會，1993。
6. 張惠寬著：《心靈治療》。台北：天恩出版社，1994。
7. 張慕皚著：《近代靈恩運動——一些值得關注的問題》。香港：建道神學院，1994。（第三章　內在醫治）
8. David Seamands 原著，黃玉燕、屈貝琴合譯：《恩典處方箋》。台北：校園書房，1994。
9. 桑德福夫婦原著，陳美津譯：《更新裏面的人》。台北：橄欖基金會，1995。
10. Dennis Linn 及 Matthew Linn 原著，方林偉譯：《記憶治療——心靈治療的禱告》。香港：基道出版社，1998。
11. 劉世增著：《因為我耶和華是醫治你的——心靈醫治的基本原理及實踐需知》。香港：以利亞使團有限公司，2001。
12. 張逸萍著：《心理學偏離真道》。北美：生命出版社，2004。（第十二章　內在醫治）
13. 王敬弘著：《心靈的治療》。台灣：光啟出版社，1987。

感謝您選了這本書，閱讀以後，
您有沒有一些啟發，一些感想？我們期望您的聲音。
請登上**www.btproduct.com/book**，
在「讀者回應卡」頁面內填寫。謝謝。

心靈關顧系列最新書目

生活與輔導

書名	版次	作者
男性輔導新貌	初版2刷	區祥江、曾立煌
情緒傷害的醫治	初版2刷	黃麗彰、朱牧華
婚姻進步書	初版2刷	區祥江
社交不恐懼	初版1刷	關秀娟
上班不恐懼	初版1刷	關秀娟
敍事從家庭開始——敍事治療的尋索歷程	初版1刷	列小慧
婚姻輔導解構	初版2刷	黃麗彰
婚姻與家庭治療：理論與實務藍圖	2版1刷	霍玉蓮
健康習作——身心和諧的生活時尚	初版1刷	鄧焯榮
怎可以一生一世	初版9刷	霍玉蓮
情難捨——從相依之道到相分之痛	初版6刷	霍玉蓮
婚姻中的創傷與饒恕	初版2刷	黃麗彰
溝通不是萬靈丹	初版3刷	黃麗彰
跨越兩性世界的橋樑	初版1刷	吳國宏、錢文 譯
婚姻左右左	2版4刷	區祥江
男人的哀傷	初版2刷	區祥江、曾立煌
因子之名——父親培育男孩的挑戰	初版2刷	區祥江
男人的面具	2版2刷	蔡元雲、區祥江
從未遇上的父親	2版14刷	蔡元雲
回到開心時——情緒管理DIY	初版4刷	湯國鈞